青春期成长手册 ①

李小妃 著

身体变化

天津出版传媒集团
天津科学技术出版社

图书在版编目（CIP）数据

青春期成长手册：全3册 / 李小妃著. -- 天津：天津科学技术出版社，2023.4
 ISBN 978-7-5742-1057-8

Ⅰ. ①青… Ⅱ. ①李… Ⅲ. ①青春期－健康教育－手册 Ⅳ. ①G479-62

中国国家版本馆CIP数据核字(2023)第059680号

青春期成长手册 ：全3册

QINGCHUNQI CHENGZHANG SHOUCE ：QUAN 3 CE

责任编辑：滑小愚

责任印制：赵宇伦

出　　版：	天津出版传媒集团 天津科学技术出版社
地　　址：	天津市西康路35号
邮　　编：	300051
电　　话：	(022)23107822
网　　址：	www.tjkjcbs.com.cn
发　　行：	新华书店经销
印　　刷：	天宇万达印刷有限公司

开本 670×950　1/16　印张 27　字数 202 000
2023年4月第1版第1次印刷
定价：126.00元（全3册）

主要人物介绍

梓轩

班级的体育委员，热爱运动，活力十足。

路路

淘气，经常捉弄人，但是很讲义气，与梓轩是好朋友。

依依

内向、乖巧，班级学霸，但在青春期与父母产生了一些矛盾。

思琪

活泼开朗，热爱学习，喜欢新事物，有些沉迷于网络。

班主任

热情、稳重，有责任心，理解同学们，是同学们坚实的后盾。

青春期对你来说意味着什么？是青涩懵懂，对情感有了朦胧的感觉？还是朝气蓬勃，有了"鲜衣怒马少年时"的意气风发？抑或是面对未知有些徘徊、害怕，甚至出现叛逆或自卑的心理？

成长于我们而言，更像是一个充满挑战的进阶游戏。面对未知的世界，我们要不断地探索、学习和进步。这场游戏，按了开始键就不能后退，我们要做的就是前进、面对和接受，消化和吸收成长赋予我们的一切。在我们成长的过程中，青春期是一个很神奇的存在。

哪里神奇呢？它是一个全新的世界，充满新鲜感。进入这个时期后，我们的身体会逐渐发生变化，在时间的流动中慢慢长大，一点点蜕变成青春年少时最美好的样子。

它是我们努力学习、充实自己的最好时期，它能激发我们探索和学习的欲望。青春期宛如青涩的果子，看似酸涩，但只要我们在这个时期积极向上地生活，持之以恒地学习，让自己变得乐观、好学，那青春期的果子就会从酸涩变得甘甜。

当然，它也充满变化。面对青春期的各种变化，无论是生理的还是心理的，我们都会感到手足无措，有时会出于本能地感到害怕，甚至退缩，不敢面对，短时间内难以接受。不过没关系，不要自责，也别担心，这都是很正常的心理反应。面对未知和变化，我们的确需要时间去认知和消化，需要有人正确地引导，告诉我们应该如何处理和应对。

《青春期成长手册》这套书是我送给你的最好的青春期礼物，希望它可以成为你成长道路上的明灯，帮你照亮青春路上的每一处风景，给你指引成长的方向。

你想知道进入青春期后身体会有哪些变化，又为什么变化吗？当胸部鼓起来、胡子长出来、月经初潮、喉结发育、变声期来临时……你知道该如何面对，怎么健康护理吗？你想要的答案在本书里都能找到。

青春期是学习和成长的黄金时期，也是世界观、人生观和价值观形成的重要时期。希望处于青春期的你可以快乐成长，积极地面对生活中的一切。

目录

身体的这些变化,你注意到了吗

- ▶ 声音为什么变了 // 002
- ▶ 男生为什么会长喉结 // 008
- ▶ 胡子悄悄地冒出来了 // 014
- ▶ 身上为什么长出了体毛 // 020
- ▶ 青春痘也来凑热闹了 // 026
- ▶ 胸部渐渐隆起了 // 032

你了解这些私密话题吗

▶ 有性幻想不代表你是坏孩子 // 040

▶ 不听话的"小弟弟" // 046

▶ 床单为什么湿湿的 // 052

▶ 为什么会来月经 // 058

▶ 内裤上为什么会有白白的东西 // 064

▶ 私密处为什么会长毛发呢 // 070

健康护理,呵护好你的身体

▶ 要为了美而节食减肥吗 // 078

▶ 要怎样才能长高呢 // 084

▶ 经期的护理与保健 // 090

▶ 阴道要怎么护理 // 096

▶ 男生到底要不要割包皮 // 102

解答你心中好奇的小问题

▶ 颜值是天生的吗 ∥ 110

▶ 精子是怎么一回事 ∥ 116

▶ 小女孩也会得妇科病吗 ∥ 122

▶ 小便和月经血是通过同一个地方排出体外的吗 ∥ 128

身体的这些变化，你注意到了吗

声音为什么变了

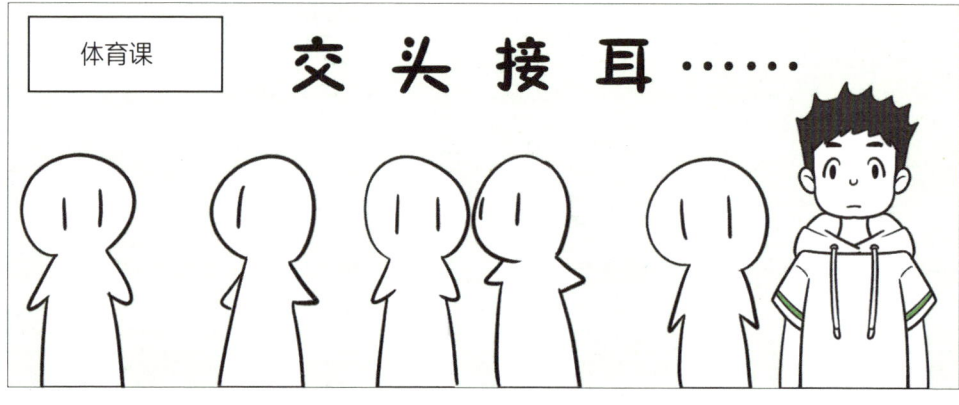

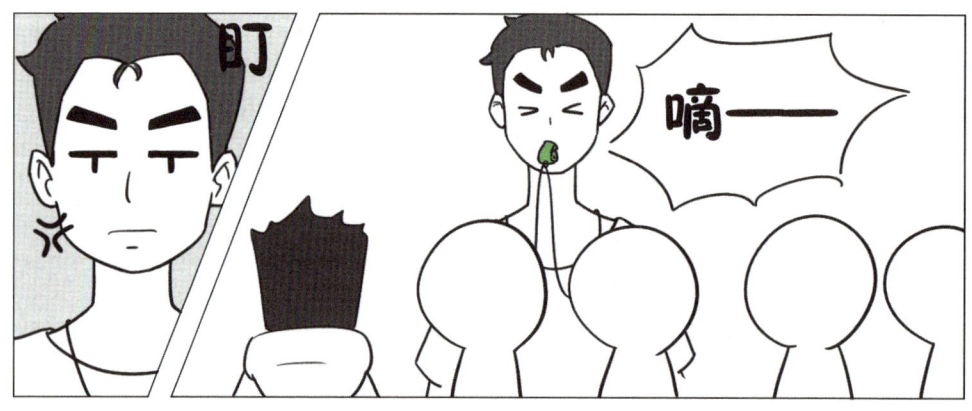

进入青春期后,我们体内的激素分泌旺盛,雄激素较其他时期也会高一些,从而会促进声带发育,使声音变得低沉。这个时候,声音也可能会忽高忽低,甚至变成公鸭嗓。

在青春期,经历变声是很正常的。我们可以把这个变声期看成是从童声变成熟的生理变化过程,每个人都会经历,只是持续的时间因人而异。

如果你也像梓轩一样正在经历变声期的苦恼,不用过分在意,这只是你成长过程中的一个小插曲。

我们在呼吸时，会有大量的空气进出肺部，这时候声带是张开的，所以空气可以顺利通过。而当我们想说话时，喉肌的收缩和舒张可以使声带拉紧或放松，气体对声带产生冲击，就会导致声带振动，从而发出强、弱、高、低等不同的声音。

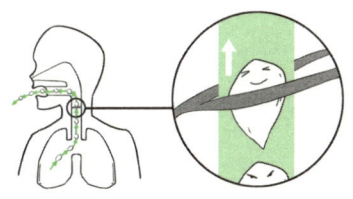

呼气时，声带张开，空气畅通无阻

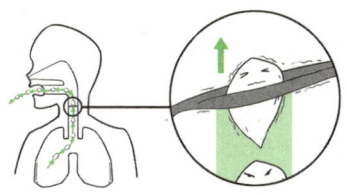

说话时，气体对声带产生冲击，声带振动，发出声音

在变声期，男生的喉头逐渐变宽，声带拉长，喉结凸出，声音也逐渐变得低沉，会出现声音嘶哑、咽痒、咽部有异物感等症状。

这个时期的声带很娇贵，一不小心就会充血、肿胀。声带一肿，发出来的声音就会嘶哑又粗糙。如果再过度用嗓，就可能会出现声带小结或声带息肉，导致声音低沉无力，甚至会呼吸困难。因此，在变声期一定要保护好声带。

◆ 要点提示 ◆

青春期养声要注意以下几点。

1. 多喝热水，少吃冰的、辣的食物，减少对声带的刺激。

2. 低声说话，不要大声吼叫，也不要长时间说话。

3. 保持充足的睡眠，不抽烟、饮酒。

为什么男生和女生的声音不一样?

声音的粗细是由声带决定的。由于男生体内的雄激素比女生体内的多,所以男生的声带发育得更猛,最终会变得又厚又长,在与空气发生碰撞时,振动速度慢,幅度也更大,所以声音听起来更加浑厚。女生的声带在青春期变化不大,依然又短又薄,在与空气发生碰撞时,振动速度快,幅度也更小,所以声音听起来就比较清脆。

男生为什么会长喉结

男生进入青春期后,喉结开始变得明显凸出,这是男性第二性征之一,说明进入了身体的发育期。

如果你也像梓轩一样长出了喉结,不要担心、忧虑,你的身体并没有生病,你应该感到高兴,这说明你成熟了,长大了。如果你发现周围男同学的喉结都很明显,而你的喉部变化并不明显,你也不必焦虑,因为每个人的体质不同,发育程度也不同,随着身体的生长发育,你的喉结也会长出来的。

其实男生和女生都有喉结，只是女生体内的雄激素少，雌激素多，所以女生的喉结发育并不明显，从外形上看不出太大变化。

喉结成锥状，由对称的两片甲状软骨板构成。进入青春期后，在体内雄激素的作用下，男生位于颈部的甲状软骨迅速发育长大，大到会从喉部凸出形成喉结。喉结大小主要受甲状软骨大小影响。

✦ 要点提示 ✦

在喉结发育期间,吃饭、喝水、说话等都不会受到影响,但谨慎起见,还是要注意以下几点事项。

1. 养成良好的睡眠习惯,保证在身体生长发育期有充足的睡眠。生活和学习要注意劳逸结合,适当地进行体育锻炼。

2. 注意补充营养,饮食要清淡,少吃辛辣、油腻的食物,可以多吃高蛋白食物。

3. 不要频繁触摸喉结,更不要按压,让其自然生长。

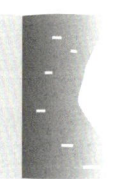

延伸阅读

女生的喉结如果很明显，要做手术吗？

答案是遵照医嘱。一般来说，由于女生分泌的雄激素比男生的少，所以女生的喉结不会像男生那样明显。你如果发现自己的喉结很凸出，可以去咨询医生，查一下自己的激素水平。

在青春期，我们会发现很多变化和不同，一旦产生疑问，比如女生长胡子、喉结过大，或者男生乳房发育明显，这些都是发育异常的信号，一旦发现信号，要立即与父母沟通，让父母带着你们去看医生。

你发现自己这段时间的变化了吗?

胡子悄悄地冒出来了

嗯?

擦

我这是长胡子了吧?

进入青春期后，我们会发现有些陌生的"东西"出现了。比如，胡子不知道从什么时候开始悄悄冒出来了。对此，我们感到有点儿忐忑不安，在面对同学的调侃时，我们还有可能害羞，觉得不好意思，甚至出现自卑心理，希望胡子可以一夜之间消失。也可能会做出幼稚且危险的行为，比如拔掉最长、最黑的胡子，或者用手遮挡，不敢抬头走路。

对于青春期的男孩子来说，长胡子是很正常的生理现象，不必担心，也不必自卑，这是成长的标志。如果你有心理负担，可以买一些相关的书籍阅读，也可以和父亲沟通。忧虑来源于未知，当我们了解了胡子为什么会长出来，应该如何应对后，那一切就都不是问题了。

如果你的胡子也悄悄长出来了，那么恭喜你，你已经成为一个男子汉了！胡子也是勇敢、帅气、成长的标志！你要面对它，接受它，并且呵护它。

男生进入青春期后开始分泌雄激素,在雄激素的作用下开始形成第二性征,长胡子就是其中一种正常的生理现象。雄激素分泌旺盛,胡子会越长越多,越长越黑。

此外,毛囊受到外界的刺激会加速胡子的生长。在正常情况下,刚进入青春期的男生的胡子会长得很慢,刮胡子会刺激毛囊,使胡子越刮越黑,越刮长得越快。

男生胡子的生长情况也会受到遗传因素的影响。一般来说,如果父亲的胡子又黑又密,那么受基因的影响,孩子的胡子也会如此。

◆ 要点提示 ◆

男生长胡子后,要注意以下事项。

1 从心理上看淡长胡子这件事,这跟变声一样,是成长过程中必须经历的。

2 饮食要清淡,调理内分泌。

3 注意面部清洁,早晚洗脸。若胡子里长出粉刺,不要挤压。

4 如果胡子不明显,只有少量的胡须,则无须护理。如果胡子长得很快,那么可以选择适合的男士剃须刀,定期进行清理。刮胡子时力度要适中,注意不要伤到皮肤。

延伸阅读

女生也会长胡子吗？

进入青春期后，一些女生也会长"胡子"，嘴唇上方的绒毛比一般女生的浓密，颜色较深。如果你发现自己有这种情况，不要自卑，但也不要掉以轻心，要及时与父母沟通，让他们带你去医院查一下激素水平。

如果检查结果显示雄激素过高，也别担心，可以通过调整激素水平来控制它生长。具体怎么做，医生会告诉你的。

身上为什么长出了体毛

也不知从什么时候开始,体毛开始有了变化,它们似乎在偷偷生长,然后突然有一天被我们注意到,我们会认为这不可思议,不明白它们为什么会长出来。我们能接受头发的自然生长,因为我们每天都在和头发见面,习惯了它们存在的样子。但面对腋毛、阴毛、腿毛,甚至胸毛(一小部分男生会遗传到胸毛,欧美等地的外国男性胸毛普遍存在,汗毛也更重一些),我们一时之间难以接受,这也是正常的。面对变化,我们是需要时间过渡和接受的。

体毛就像一层颜色或轻或重的保护伞覆盖在我们的皮肤上,它们各司其职,守护着我们的身体。

专家解读

身体上的毛发统称为体毛,它们可以起到保护毛孔、排汗和调节人体体温的作用。除头部、腋下和阴部的毛发比较明显外,其余部位的毛发基本都是汗毛。由于男孩的雄激素分泌旺盛,所以他们的汗毛较重,也更黑、更浓密一些。

毛发分为硬毛和毳毛。硬毛粗硬,颜色深、色泽浓。硬毛又分为长毛和短毛,长毛如头发、腋毛等,短毛如眉毛、睫毛、鼻毛等。毳毛细软,色泽淡,分布在躯干,也就是我们熟知的汗毛。

毛发的粗细、颜色、疏密、长短受多种因素影响,比如地域、性别、年龄、种族等。

◆ 要点提示 ◆

体毛要怎么精心呵护呢?

1 不要用镊子或其他工具拔身上的毛发,否则容易引发毛囊炎。

2 保持良好的卫生习惯,做好日常清洁,勤洗澡。

3 不要刮汗毛,否则它们不仅不会消失,还会以更黑更粗的样子重新出现。

4 男生的体毛较重,那是男性的象征,是魅力所在。而女生的体毛大多会淡一些,如果它影响美观,比如腿毛过长,可以采取安全、科学的方式脱毛。

延伸阅读

你知道体毛可以抵挡寄生虫入侵及预防蚊虫叮咬吗？

我们身体上的汗毛是与神经系统相连的。体毛相当于是设置在体表的探测器，当有寄生虫入侵或蚊虫飞过来落在皮肤上时，体毛就会形成一道保护屏障，探测到蚊虫等的到来，并向大脑传递信息，让我们发现。与此同时，体毛也会增加寄生虫接触皮肤的难度。

青春痘也来凑热闹了

进入青春期后，一系列的烦恼如雨后春笋般出现在我们面前，青春痘也是其中之一。当青春痘出现后，无论是男生还是女生，都会感到很心烦，认为青春痘既影响美观又影响心情。

所以，当青春痘出现后，我们会用尽一切办法让其立刻消失，比如涂药膏、去美容院除痘、敷面膜祛痘，甚至直接用手去挤压。折腾一大圈后才发现痘痘一个没少，皮肤状态反而更差了，毛孔变得粗大，痘痕越来越多。

长了青春痘不要着急，也别急于处理，首先要放松心情。青春痘是青春期的标志，看到它不要如临大敌，要看淡它，不要用外力干预。

青春痘,学名"痤疮"。青少年进入青春期后,由于身体发育,体内的雄激素分泌旺盛,雄激素会刺激皮脂腺分泌更多的皮脂,大量的皮脂和脱落的表皮组织堆积在毛孔,从而导致青春痘的出现。

除了雄激素在发挥作用,饮食习惯不好,作息没有规律以及面部清洁不到位都会诱发青春痘。青春痘是以粉刺、丘疹、脓疱等形式出现,伴有皮脂溢出,使得面部往往很油。在皮脂腺密集的区域容易长青春痘。青春痘多发于面颊、额头和下颌,还有一部分青少年的青春痘分布在胸前和背后。

一般来说,当青春期结束,体内的激素水平趋于平稳后,青春痘也会逐渐消失,不要有过重的心理负担。如果青春痘严重,可及时去医院皮肤科向医生寻求帮助。

◆ 要点提示 ◆

长了青春痘应该怎么办呢？

1 青春痘会影响社交和心情，我们要尽量淡化青春痘的负面影响，别太在意，以免给自己造成过多的压力。

2 少量青春痘可不必理会，如果严重，可去医院进行检查，按照医生的要求去做。切记不要用手挤压或用美容针挑破。

3 保持良好的生活习惯，保证规律的作息时间，不要熬夜。

4 做好皮肤清洁工作。选择适合自己皮肤的洁面产品，不过度清洁破坏皮肤角质层。不要用彩妆遮盖青春痘，青春期的我们不需要化妆，如果化妆了一定要及时清洁，以免残留的化妆品堵塞毛孔。

5 建立健康的饮食结构，饮食要清淡，少吃油炸、高糖的食品，多吃蔬菜和水果。

你知道痤疮有几个级别吗？

临床上，根据痤疮的严重程度将其分为3度、4级。

· 1级，属于轻度，只是有粉刺出现。

· 2级，中度，除了粉刺之外，还有炎性丘疹。

· 3级，也属于中度，除粉刺外，还有较多的炎性丘疹或脓疱。

· 4级，属于重度，较为严重，除粉刺、炎性丘疹、脓疱外，还有结节、囊肿等。这种痤疮需要立即去找医生寻求帮助了。

胸部渐渐隆起了

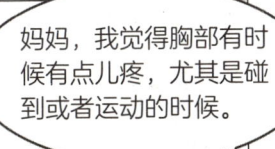

进入青春期后，我们会面临许多变化，无论是心理上还是生理上，我们都需要时间去消化。面对变化，我们会本能地排斥，会不知所措。比如，当胸部鼓起来后，你也许会含胸驼背，怕被同学发现自己的身体发生了变化，会变得敏感、脆弱，逃离不了负面情绪的怪圈。

现在我要告诉你，经历就是成长，你是安全的，别怕，让我们一起来学习青春期这个领域涉及的成长知识。我相信你可以战胜自己，面对身体的变化，你可以从容不迫，勇敢学习。

女生进入青春期后，胸部就会慢慢鼓起来，这是乳房发育的正常现象，别害怕，也别害羞，乳房发育也是成长的一个标志。

你知道吗？乳房发育主要受体内分泌的雌激素和孕激素的影响，雌激素能够促进乳腺管发育，孕激素能够促进乳腺泡发育。当然，乳房在发育的过程中有可能会出现胀痛感，这属于正常的生理现象。

专家解读

乳房发育是女生逐渐成熟的标志。

乳房由皮肤、脂肪组织、纤维组织和乳腺四部分组成。乳房的顶部是乳头,乳头被乳晕包围,乳头和乳晕的颜色从粉红色到深棕色不等,怀孕后乳晕的颜色会变深,乳腺管内会分泌乳汁。

乳房对于哺育子女来说是极为重要的,因此要保护好,让它健康发育。

当胸部开始发育后,要及时更换合适的内衣。在乳房发育初期可以选择小背心,当乳房发育成熟后就需要选择适合自己的文胸。文胸可以选择纯棉材质的,透气性更好,穿戴也较为舒适。

小背心和文胸需要勤换勤洗,建议三个月更换一次,洗干净后需要在阳光下暴晒以杀灭细菌。

◆ 要点提示 ◆

乳房发育后要注意以下事项。

1 守护好自己的敏感心理，告诉自己现在很安全，别害怕，正确对待自己鼓起来的胸部。

2 不要挤压，不要穿紧身衣束胸，否则会影响乳房的发育。要选择适合自己的内衣。

3 挺直腰板，不要含胸驼背，不要介意身边的男同学会注意到，这是很正常的生理发育，就像男生长胡子一样。

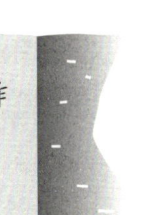

4 吃一些富含维生素的食物，饮食要清淡，少吃油炸食品。

5 保持好心情，让自己快乐起来。心情舒畅，身体自然健康。

6 如果乳房异常疼痛，乳头出现乳白色、黄色、褐色的分泌物，要立刻告诉妈妈，让妈妈带你去医院做检查。

你了解这些私密话题吗

有性幻想不代表你是坏孩子

随着年龄的增长,进入青春期后,由于青春的懵懂,以及对异性的好奇,不论是男生还是女生都有可能产生性幻想。有些学生在有了性幻想后会感到羞耻,会自责甚至情绪低落,觉得自己是坏孩子,也有可能产生自卑心理。

其实,青春期的孩子有性幻想是正常现象,出现性幻想时不要自责,要正确看待它的存在,要区分幻想与现实,不让它影响我们的生活和学习。

性幻想是人们大脑中的一种想象。这种想象可能来源于外界的刺激，比如电视剧中亲吻的画面，与性有关的文学作品，还有来自人们本身的欲望和对异性的冲动，等等。性幻想是普遍存在的，且会伴随人的一生。

青春期的孩子有性幻想，是发育过程中正常的生理和心理现象。我们不要戴有色眼镜去看待它，要科学地认识和对待性幻想。

◆ 要点提示 ◆

如果你出现了性幻想,正确的做法是什么呢?

1 对性幻想要有正确的认识,出现性幻想很正常。不纠结,不多思多虑,不要过于羞耻,以平常心看待。

2 有性幻想并不意味着要走进现实,要区分幻想与现实。性幻想本身是无害的,也要保持其无害性。

3 转移注意力,将精力放在学习上,闲暇时多做运动,使自己的生活和学习充实起来。

4 不要在公开场合谈及性幻想的内容,不与同学或朋友分享、讨论,做事、说话要有分寸。切记不要与异性开玩笑,要保持安全的社交距离。

延伸阅读

你知道性梦吗？

俗语有云："日有所思，夜有所梦。"我们大概率会认为做性梦是因为"日有所思"，实际上，并不是所有的性梦都来自白天的性幻想，它大多时候是不受人控制的，是无意识的行为。性梦是一种正常的梦境，在梦境中会出现与性相关的情景，会让人感到兴奋。

如果你做了性梦，不要自责。性梦与道德无关，我们虽然做了性梦，但依然是好孩子。所以，别内疚也别害怕，要科学地认识性梦，可以把它当作一种可以使自己感到愉悦的体验并接受它。

不要有心理负担,这是正常的!

不听话的"小弟弟"

　　进入青春期后，男生都要面对这样一个实际问题，"小弟弟"不听话，会时常勃起，有时会让自己陷入尴尬的境地。或许有些同学会认为这是一件让人羞愧的事，但实际上，这与性幻想一样，是青春期男生正常的生理反应。

　　进入青春期后，我们的身体发育日渐成熟，当大脑受到跟性有关的刺激后，"小弟弟"就很容易勃起。我们在日常生活中要正确认识这件事，了解相关知识，不要强制"关机"，以防给"小弟弟"带来伤害。

专家解读

"小弟弟"学名阴茎,是男性外生殖器官的重要组成部分。阴茎的功能有两个:一是孕育生命的重要"工具";二是具有排尿的功能。

阴茎由皮肤、筋膜和海绵体组成,其中海绵体包括阴茎海绵体和尿道海绵体。当受到生理或心理的性刺激后,大脑会接收到性刺激,进而发出神经冲动,使阴茎勃起。

◆ 要点提示 ◆

如果"小弟弟"不听话,应该怎么办呢?

1 要认识到"小弟弟"勃起是正常的生理现象,同时也是男性孕育生命必备的能力,不要有心理负担。

2 当"小弟弟"不听话时,可以采取转移注意力法。比如将注意力集中到学习上,做数学题、背英语单词或读语文课文等。此外,也可以选择一些舒缓的运动,如散步、慢跑、打羽毛球等。总之,做一些可以使自己平心静气的事情来转移自己的注意力。

3 不接触色情小说、图片、视频等,尤其在公共场合,不和同伴讨论此类话题。

4 男生包皮过长也会刺激"小弟弟"勃起。如果包皮过长,要及时去看医生。平时要注意个人卫生。不穿紧身裤,要选择宽松的衣物。

> 延伸阅读

为什么"小弟弟"容易受伤?

由于男性生理结构的特殊性,"小弟弟"属于男性的外生殖器官,如果不小心护理,就会很容易受伤。比如穿紧身裤受到挤压、意外被碰撞、个人卫生不到位引起炎症等。

因此,在日常生活中,青少年应该有意识地保护"小弟弟",做好预防,减少其受伤的机会。比如平时要注意生理卫生,做好日常清洁,一旦"小弟弟"出现红肿、炎症、长疹子等症状要及时就医;不穿紧身裤,要选择宽松、柔软的内裤;在户外活动时要注意安全,避免碰撞等带来的伤害;减少性幻想,不看色情书刊、视频。

床单为什么湿湿的

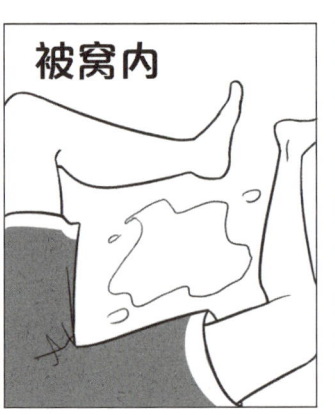

一般来说，男生到了青春期就会出现遗精的现象，遗精是长大的标志。首次遗精出现后，意味着男生的身体发育逐渐完成，生长速度开始放慢。首次遗精后，很多男生会不知所措，感到羞涩，又不能宣之于口和好友沟通，这毕竟很私密。因此会变得忧心忡忡，无心学习。

其实，对于遗精，我们不必羞涩难当，而应正确认识它、了解它。

专家解读

男生进入青春期后,生殖器官逐渐发育。精子在生成并发育成熟后会储存在精囊里,当精液囤积到一定的量后,就会以遗精的方式从体内排出。中医所讲的"精满自溢"就是遗精。

导致男生出现遗精的原因有很多,比如白天在电视剧中看到亲吻画面,这会在大脑皮质中留下刺激的影子,夜晚睡觉时就可能会出现梦遗(指在梦中遗精)。此外,包皮过长、内裤太紧、被子太厚等因素也会引起遗精。

男生初次遗精的年龄在 12~15 岁,因个人身体发育的早晚不同也会有年龄差异,这属于正常的生理现象。

身体健康的男生正常的遗精次数为每月 1~4 次,遗精过后身体没有明显的不适感。

◆ 要点提示 ◆

首次遗精过后应该怎么做呢？

1 及时清洁身体，洗内裤和床单。如果不及时清理可能会导致细菌滋生，引起感染。

2 对遗精有正确的认识，知道遗精是正常的生理现象，调整情绪，平复心态。

3 合理规划自己的学习和生活，将注意力放在学习上。放松时，选择对身体有益的活动，如运动、聚会、聊天等。

4 不穿紧身内裤和外裤,睡觉时采取侧卧姿势,被子不要太厚。

5 关注遗精的频次,如果频次过多则需要干预,去看医生并遵照医嘱调理身体。

这也是身体健康的一个标志呢!

为什么会来月经

好疼!

是不是西瓜吃多了,着凉了?

血迹

你这是来月经了吧?

面对未知,我们会本能地不知所措。青春期虽然标志着我们开始长大成人,进入了人生中的关键时期,但我们毕竟还是孩子,认知水平还有待提高,有许多新知识需要学习,有太多变化需要消化和吸收,这需要时间去过渡。因此,一切的害怕、焦虑、不安,甚至不知所措、恐惧,都是再正常不过的心理变化。别自责,也别自卑,一切疑问和不安都不要藏在心底。

无论你是否经历月经初潮,都可以通过看书、上网查资料、咨询生理健康老师或直接问妈妈等方式来学习月经的相关知识。不要觉得难为情,月经是很自然的现象,就像累了会疲倦,难过了会哭泣一样。

女性第一次月经来潮被称为月经初潮,月经初潮是女性进入青春期的标志。一般来说,女性的月经初潮在 12～15 岁之间。由于个体的营养、遗传和生长发育等因素的影响,月经初潮可能会提前或者延后,但若超过 16 岁还未初潮,则需要就医。

女性的生殖器官由卵巢、子宫、输卵管和阴道组成。卵巢的主要功能是产生卵细胞,合成雌激素。子宫和输卵管是女性的生育器官。进入青春期后,大脑的下丘体会分泌激素刺激脑垂体,脑垂体前叶会分泌促性腺激素,在促性腺激素的作用下,卵巢中的卵泡会发育,产生雌激素和孕激素。卵泡成熟后会从卵巢排出,通过输卵管来到子宫,这时如果有精子与之结合,则会形成受精卵着床在子宫内膜上,女性则会怀孕。

如果卵泡没有变成受精卵,雌激素和孕激素水平就会下降。子宫内膜失去雌激素和孕激素的营养,内膜中的血管就会痉挛性收缩,最后导致子宫内膜脱落,顺着阴道排出体外,形成月经。

✦ 要点提示 ✦

1 月经成分：月经中除了血液外，还有子宫内膜组织、宫颈黏液、阴道分泌物等。经血呈暗红色，如果呈淡红色、鲜红色或有黑色血块，则属于不正常现象，需要及时就医。

2 月经周期：月经周期也被称为生理周期，月经是以周期性变化为特征的，月经周期的开始是从第一天经血排出算起，两次月经之间的间隔就是月经周期。月经周期一般为28～30天，延迟或提前7天左右都属于正常范围。

3 月经时间：月经持续的时间在2～7天均属于正常，超过7天或少于2天则需要就医。

4 月经量：月经量在30～50毫升之间属于正常，月经量过少或过多，均需要及时就医。

5 经期症状：由于个人体质的不同，每个人在月经来潮时的感受是不一样的。有些人毫无反应，可以正常学习和生活；有些人则会出现小腹下坠、肠胃功能紊乱等症状，对此也不用担心，如果痛经严重，可以寻求治疗。

延伸阅读

你听说过"月经羞耻"吗?

加拿大社会学家欧文·戈夫曼认为经血是可憎的,月经是不洁、危险的。"月经羞耻"具有普遍性,尤其在许多不发达国家,他们对月经的认知还笼罩在阴影和神秘中。

2013年,德国的一个非营利组织发起了"国际经期卫生日",将每年的5月28日定为有关月经的特殊节日。在那一天,他们宣传经期卫生,呼吁结束"月经羞耻",破除月经的污名化。

性教育的缺失会直接导致青少年不了解自己的身体以及生理特征,对性闭口不谈,甚至为其蒙上神秘的面纱,这都是不可取的。掌握与月经相关的科学知识也是全面性教育的重要内容之一,我们应该抵制和破除"月经羞耻",爱护自己,尊重他人。

内裤上为什么会有白白的东西

进入青春期后,你在洗内裤时会发现上面有白白的东西,这时你可能会想是不是身体出了问题。其实,内裤上这种白白的东西是白带,是女性正常的生理现象。

有些女孩觉得白带流到内裤上很脏,所以会在非经期垫上护垫,但这是很不利于健康的。护垫不透气,会滋生细菌,时间长了会破坏阴道的自我保护系统。白带可以保护阴道的健康,有白带时就及时更换内裤,做好清洁,不必过度在意。

专家解读

白带属于阴道的分泌物，正常的白带呈白色稀糊状或蛋清状，量少，没有异味，对女性的身体健康没有不良影响。受雌激素影响，正常女性均会有白带，排卵前或接近排卵时，白带会呈透明拉丝状。

如果白带呈黄、绿色脓状，或者白带中有血丝，有腥臭味儿，白带量多、稀薄，或呈豆渣状，则属于白带异常。

一旦白带出现异常，要及时就医，不可拖延，还要防止复发。

◆ 要点提示 ◆

如果白带有异常应该怎么办?

1 白带是女性健康的"晴雨表",有白带很正常,应学会正确对待它。

2 当白带有异常时,应立即告诉妈妈,让妈妈带你去医院做检查。别害怕,别逃避,要面对它,而且要遵医嘱,定期复查。

3 要注意个人卫生。内裤要每日更换,替换下来的内裤要立即洗净,在阳光下暴晒杀菌。每日清洗外阴,保持干爽。

| 4 | 饮食要清淡，忌食辛辣刺激性的食物。 |

| 5 | 放宽心，不要过度紧张，保持好心情。 |

| 6 | 保持良好的作息习惯，早睡早起，不熬夜。适当运动，增强自身免疫力。 |

私密处为什么会长毛发呢

到了青春期我们会亲身经历身体变化，此时面对困惑可以询问家长，了解身体变化的原因。如果你觉得有些问题难以启齿，也可以让爸爸妈妈给你买相关的书籍，通过读书来了解这些知识，从而更妥帖地应对生理的变化，照顾和保护好自己。

经历后便会成长。正如依依发现自己的私密处长了毛发后，她可以通过书本来学习新知识，知道了这是阴毛，并且明白了为什么会长阴毛，怎样护理等。你也可以找到适合自己的方式，解除这类成长的烦恼。别担心，我们都是在变化中慢慢成长的。

专家解读

进入青春期后,私密处开始长毛发,这些毛发被称为阴毛。阴毛大多呈弯曲状,颜色、疏密程度受遗传和种族等因素影响而不同。

长阴毛是青春期身体发育的重要表现之一。青少年要正确认识和看待阴毛,它和我们身体上的其他毛发一样重要,它的存在也有其重要意义。

阴毛能够抵御和阻挡细菌或病毒的侵入,给生殖器官提供一层保护。阴毛还可以帮助私密处散热,让私密处保持"通风"的状态,避免滋生细菌。

◆ 要点提示 ◆

我们要怎么护理私处的毛发呢?

1 日常清洗很重要。要保持阴毛的洁净度,女生尤其在经期,可增加清洗的次数,用温水清洗即可。

2 身体上的毛发存在即有其合理性,如无必要不要刮掉阴毛。用工具刮阴毛存在划伤和感染的风险。

3 不穿紧身或不透气的内裤,少穿紧身牛仔裤。平时注意不要拉扯阴毛,以免毛囊发炎。

4 做好个人卫生,私密处护理要选择专门的浴巾,不和别人共用浴盆,选择淋浴。平时多关注私密处的健康,如果阴毛下皮肤瘙痒、红肿,别用手抓,及时就医。

延伸阅读

阴毛脱落属于正常现象吗?

阴毛和头发一样,会有新陈代谢,除了疾病因素外,阴毛也会脱落。它有自己的生长期和休止期。休止期时,阴毛会停止生长,不会像头发一样一直长,然后就会有脱落期。随着年龄的增长,阴毛也会变白,会逐渐减少,这都是正常的生理现象。

健康护理，

呵护好你的身体

要为了美而节食减肥吗

爱美之心，人皆有之。向美而生，是人之常情。从出生开始，我们就在慢慢构建自己的审美观；到了青春期，我们会对自己的外在形象越来越在乎，想要变得更美。

这个时候，我们对美的理解还停留在事物的表面，你或许会认为拥有好看的容貌、苗条的身材和精致的妆容是美，同时也在努力让自己变成这样的美人。为了让自己变美，拥有苗条的身材，你或许会选择一些错误的方式，比如节食、吃减肥药等损害身体健康的方法来达到减肥的目的。

通过节食瘦下来后，通常会在一段时间后反弹，同时节食也会让肠胃功能失调，导致内分泌紊乱。我们减肥是为了健康，而不单纯是为了变美，减肥也应该使用科学健康的方法。

  青少年进入青春期,身体发育较快,如果不注意饮食和运动相结合,肥胖问题就会产生。青少年身体肥胖不利于身心健康,需要采取有效措施控制体重。减肥的好处有很多——可以让身体恢复到健康水平,让自己身心愉悦,从而变得更自律和自信,做事和学习的效率也会提高。

  减肥的初衷应该是让自己变得健康,变美只是附加值。青少年应该树立正确的审美观,以健康为美,透过现象看到事物的本质,发掘内在美。另外,青少年要选择一种适合自己的减肥方法,拒绝节食、服用减肥药等会损害身体健康的减肥方法。

◆ 要点提示 ◆

我们应该怎么看待减肥这件事呢?

1 坚决拒绝伤害身体的减肥方法,比如错误的饮食习惯(不吃晚餐,只吃水煮蔬菜,等等)、进行抽脂手术、吃减肥药等。

2 减肥可以"节食",但这里的"节食"指的是节制饮食,注意调整饮食结构,少吃油炸、辛辣的食物,注意荤素搭配,清淡饮食。

3 可以通过适当的运动消耗身体过剩的热量,让身体保持高效的新陈代谢。要选择适合自己的运动,同时注意休息,不要过度运动,必要时可以咨询专业的运动教练。

你知道我们身体里的细胞有多爱我们吗?

当我们在损害身体时,你知道最着急的是谁吗?是我们身体里的亿万细胞。它们没有名字,没有思想,每天都在出于本能地工作、运动、代谢、死亡,在为我们的身体健康而存在和生长,围绕着我们而活。

节食减肥时的每一次胃痛都是细胞在提醒你按时吃饭,每一次身体出现不适也是细胞在向你发出求救信号,提醒你要悉心照顾好自己的身体。

当你在照镜子时,你身上的每一个细胞都打起精神,通过无声的语言向你传达一种信息:你很美,请自信一些!对自己笑一笑,从今以后,只做一个悦己的人。

营养和运动都不能少!

要怎样才能长高呢

操场

路路,你这些天为什么总跑步啊?

停下

进入青春期，我们的身体开始进入快速生长期，不仅身体在发育，骨骼也在生长。但是每一个人的生长发育状况是不同的，都有自己的生长周期，会有快有慢。长得慢的同学看到周围的同学都比自己长得高，或许会着急：我什么时候能长高啊？真想一夜之间就变高了！

现在我要告诉你，我们每一个人都有自己的生长时段，快一点儿或慢一点儿都没有关系，我们都会在自己的时段里慢慢长大，变得高大、强壮。我们不必去纠结是高还是矮，高可以高瘦俊逸，矮也有其独特魅力。

我们的成长不仅要向外延——长身体、长身高，还要向内收——锻炼意志、提升品质。向外延和向内收同等重要，不必纠结身高，顺其自然，不管是高还是矮，我们都可以成为最棒的自己！

专家解读

身高主要受遗传因素影响，身高遗传是由父母的基因决定的，如果父亲高大，母亲高挑，那么孩子的身高在很大程度上也会和父母一样。在生理因素的作用下，我们还可以在骨骺线闭合前，从饮食、运动等方面来刺激骨骼生长。

那么，什么是骨骺线呢？

骨骺线是指长骨干骺端与骨骺之间的一盘软骨结构，又称为骺板，骺板也叫生长板。我们身体的每根长骨的两端都有骨骺线，它是能生长的软骨，随着营养的吸收会慢慢骨化。骨化完成后，两根骨头之间就会形成一条紧密的缝，这个时候骨骺线完全闭合，骨骼也会停止生长。

在骨骺线完全闭合前有两个快速生长期，即婴儿时期和青春期。在婴儿时期，我们会被家长带出去晒太阳、吃维生素D，这些都可以促进骨骼生长。进入青春期，我们的身高也会快速增长，并且表现明显。

◆ 要点提示 ◆

我们要怎样通过外部因素帮助自己长高一些呢？

1 饮食方面：注意营养均衡，不挑食，充足的营养是身体生长发育的基础。减少油炸食品和碳酸饮料的摄入，以免影响钙的吸收，影响骨骼发育。

2 生活方面：注意作息习惯的调整。人体的生长激素在夜间分泌较多，充足的睡眠有利于身体的生长发育。要早睡早起，保证每天睡眠时间在8小时以上。

3 运动方面：多参加户外活动，晒太阳可以促进钙的吸收。适度的体育运动也必不可少。

经期的护理与保健

女生在月经来潮时,身体或多或少都会有不适的感觉。这个时期除了学习,也要注意休息,并且不吃寒凉的食物。

此外,应减少运动量,可以选择动作幅度不大的运动,比如散步、做简单的伸展操等。时间不要太长,如感觉不舒服可以停止运动,回去休息。经期要避免剧烈运动,像长跑、短跑、跳高等都不要做,以免子宫受到震荡,流血过多。

经期也不适合游泳,由于阴道与子宫颈相连,泳池里的细菌可能会通过阴道进入子宫,容易感染到生殖器官,引发炎症。

专家解读

月经来潮时，宫颈口处于微开状态，阴道的菌群会被经血冲淡，生殖器官的防御能力会减弱，这时细菌很容易侵入生殖系统，引发感染。因此，女性在月经期需要格外注重卫生与保健。

此外，经期还容易疲劳，要注意休息。

✦ 要点提示 ✦

青春期的少女在经期需要注意什么呢？

1 注意个人卫生。在经期，我们生殖器官的防御功能减弱，而经血又给细菌提供了繁殖的基础，因此要格外注意阴部的卫生，在经期要每天清洗外阴。

2 及时更换卫生巾，减少细菌滋生。每天更换内裤，洗干净的内裤要在阳光下暴晒杀菌。

3 饮食要清淡，避免吃辛辣等刺激性的食物。

4 注意保暖，避免着凉。

5 保持愉悦的心情，做一些能让自己快乐的事情，不生气，不钻牛角尖。

可以通过吃药来推迟月经来潮吗？

有些女生在月经来潮时会感到身体不适，尤其在重大考试前担心考试时正好来月经，影响发挥，因此想要通过吃药来推迟月经来潮。现在我要告诉你，任何药物对身体都是有一定伤害的。吃药可以抑制月经来潮，但也存在副作用和其他风险，所以不建议使用。

假如担心考试时来月经，我们可以尝试让月经"正常化"。不要过分在意，来月经时也坚持学习，并熟悉在这种状态下学习的身体状态。

切忌跟风吃药，有问题要及时和父母、老师沟通。

阴道要怎么护理

阴道位于身体内部，较为私密，我们对其了解不多。由于知之甚少，有些女孩很有可能进入过度护理的误区，比如清洗过度，甚至对阴道内部进行冲洗。

我们在进入青春期后要主动了解自己的身体，当然也包含私密部位。阴道作为女性生殖器官的重要组成部分，它实际上是非常需要呵护的，平时我们就要注意个人卫生，尤其是私密处的卫生，养成良好的生活习惯。

专家解读

阴道是肌性管道，由黏膜、肌层和外膜组成。阴道属于女性的内生殖器官，连接子宫和外生殖器，有伸展性。女性排出月经血和分娩胎儿也是经过此管道。

阴道微生态系统是由阴道微生物群、个体内分泌系统、阴道解剖结构和阴道局部免疫系统组成。微生态系统会帮助阴道维持酸性环境，抑制病原体生长。阴道内有各种微生物，这些微生物不会致病，与阴道是相互依赖和制约的关系，以达到动态的生态平衡。

通俗来讲，阴道内部的大量微生物菌群就像守卫一样维持阴道的pH值，抑制病原体入侵，守护阴道不受伤害。因此日常进行清洁时不要清洗阴道内部，以免破坏微生物菌群的平衡。

◆ 要点提示 ◆

阴道要怎么护理？

1 阴道有其特有的菌群，不要过度清洗。每天用清水冲洗外阴部位，不要清洗阴道里面，以免破坏阴道菌群，引起炎症或过敏。经期可增加每日清洗次数。

2 选择纯棉、宽松的内裤。内裤要经常换洗，可以用内衣专用皂洗内裤，洗净后要经过阳光暴晒，可起到杀菌的作用。

3 正确使用卫生纸。大小便后，用卫生纸从前向后擦。如果从后向前擦，会容易将肛门周围的细菌带进阴道和尿道。

4 我们手上的细菌很多，所以不要用手碰触阴部。一旦阴部出现瘙痒、灼热、疼痛、异味等情况，要及时告诉家长，然后去就医。

延伸阅读

你知道初潮期阴道炎吗?

初潮期即女孩第一次来月经的时期。由于是第一次来月经,很多女孩对经期护理知识知之甚少,很容易使用不干净的纸巾或卫生巾,或者卫生巾更换不及时,外阴部位没有清洗干净,从而导致阴部细菌滋生,引发阴道炎。

具体情况具体分析吧!

男生到底要不要割包皮

提起跟性有关的知识，我们似乎都难以宣之于口。

生殖器官是我们身体的一部分，是重要器官之一，我们要以平常心对待。一旦发现其出现疼痛、起疹子、裂口、发炎等，不要难为情，也别隐瞒不说，一定要及时跟家长沟通，去医院检查。

阴茎包皮，是指阴茎前方形成双层的环状褶皱皮肤，环绕着阴茎头。在婴儿时期，包皮较长，是包裹着整个阴茎头的。随着年龄的增长，包皮逐渐退后，包皮口扩大，阴茎头会露出。成年后，如果包皮过长或者形成包茎，则可以选择做包皮环切手术。

包皮过长是指包皮虽退后，但不能将整个阴茎头露出。包茎是指包皮口过小，包皮完全包裹着阴茎头。包皮对阴茎头有保护作用，但如果清洁不当，则会藏污纳垢，因此保持包皮和阴茎头的卫生极为重要。

◆ 要点提示 ◆

应该如何预防包皮炎症?

1　学会清洗包皮和阴茎头，注意局部卫生，最好每日清洗。

2　如果包皮过长或有包茎，则及时去医院，按照医生的建议治疗。

3　一旦包皮出现炎症，不要强行清洗，要及时就医。

包皮过长一定要进行环切手术吗?

应具体问题具体分析,遵照医嘱,让专业人士进行评估,然后判断是否需要进行包皮环切手术。

假如包皮过长,但我们非常注意个人卫生,局部卫生做得很好,阴茎头很少红肿发炎,那么暂时可以不手术。如果清洁不到位,有包皮垢堆积,阴茎头红肿发炎、起疹子,则需要立即就医,听从医嘱。

解答你心中好奇的小问题

颜值是天生的吗

进入青春期，我们对美有了自己的认知，并且希望自己变得漂亮，所以开始不自觉地修饰头发，挑选漂亮的衣服和鞋子，关注自己的身材，有意识地控制体重。看到颜值高的人还会驻足多看两眼，会羡慕他们，好奇他们为什么长得如此好看。

那么颜值是天生的吗？你所看到的未经任何修饰的人，他们如果长得好看，那就是天生的。当然，你也会看到一些人，他们虽然脸上有岁月的痕迹，但举止和谈吐优雅，气质儒雅、高洁，那句"腹有诗书气自华"便诠释了这一点。

年少的我们也许会追求令人惊艳的容貌，在意自己的长相，但我们无法改变相貌本身。可经过时间的洗礼，容颜皆会改变，那时的颜值高低就掌握在自己手中了。所以，多读书，少幻想，将注意力放在自我提升上，终有一天，你也可以美得不流俗，用气质击败无情的岁月。

简单来讲,颜值就是指人的容貌靓丽或英俊的数值。我们的长相大多遗传于我们的父母,父母的容貌决定了我们先天的长相。如果父母都是双眼皮、高鼻梁,那我们大概率也是双眼皮和高鼻梁。

颜值分为先天颜值和后天颜值。先天颜值从出生那一刻就定下来了,是天生的。后天颜值可以通过提升气质、化妆以及医美等方法来改变。

无论此刻你的颜值是高还是低,我都建议你将注意力放在认真学习和努力生活上。外在的颜值是会让人赏心悦目,但内在的颜值也值得我们去提升,毕竟青春貌美具有时限性,内在气质才会陪伴我们一生。

✦ 要点提示 ✦

怎样才能提高自己的颜值呢？

1 我们在青春期，无论颜值高低，都要放平心态。颜值高不自傲，颜值低不自卑。要自信、开朗、乐观、积极、向上，同时也要做到不随意评价甚至诋毁他人的容貌，要懂礼貌，知礼仪，做到非礼勿言。

2 注意仪容仪表，保持脸部干净，按照学校要求穿校服，选择符合学生身份的衣服。面带微笑，挺直腰杆，自信满满就是最美的。

3 关注内在气质的提升，多读书，多看报。努力学习，认真生活。

4 修炼自己的情绪管理能力和人际交往能力，多方位发展自己。

5 提高颜值也要守住底线，不做整容手术，拒绝所谓的"微调"。现在我们还小，就是青春最美的样子，别心急。

延伸阅读

所有人都能做近视手术吗？

在目前的青少年中，近视现象普遍存在。有了爱美之心后，有些孩子认为佩戴框架眼镜会影响颜值。随着近视手术越来越成熟，宣传力度不断加大，他们就想去做近视手术。

其实，接受近视手术是有严格要求的，并不是所有人都能做。一般来说，适宜接受近视手术的年龄在18～50岁之间。青少年的身体尚在发育，且经常用眼，不能接受近视手术。年龄符合条件后，还要做一系列的相关检查，且做完近视手术后也要格外注意用眼，不能用眼过度。

因此，我们在学习和生活时就需要预防近视，注意用眼卫生和用眼姿势，少接触电子产品，疲劳时注意休息，做眼保健操、远眺，多参加户外活动等。

精子是怎么一回事

青少年进入青春期,也要学习关于孕育生命和科学避孕的相关知识。青春期是情感萌动的特殊时期,我们对异性感到好奇,出现性幻想都是正常的生理和心理现象。不过我们要学会正确看待性、认识性,构建正确、健康的两性关系。

在与异性相处时,或许都会有"发乎情"的情感需求,这是独属于青春期的懵懂感情,同时也要"止乎礼",不越雷池半步,不偷尝禁果。

孕育生命的过程是艰辛的,男性提供精子,女性提供卵子,两者在恰当的时机结合,见证了生命最原始的状态。我们要了解受精的过程,懂得生命的意义,进而珍爱生命。

从外形上看，精子形似蝌蚪，分为头和尾部。精子的主要职责是向前运动，与卵子结合，形成受精卵，完成最初的孕育工作。

男女结合后，精子开始了漫长的旅行，它们的目标是一致的，历经千山万水找到卵子。为此，它们需要从精浆中游出，经过子宫颈、子宫腔，来到输卵管，再穿过输卵管峡部，最后到达终点站——输卵管壶腹（此处的管径粗且长，占整个输卵管的2/3，比较弯曲），在这里等待与卵子邂逅。精子与卵子结合后，受精卵再进入子宫，在子宫中发育。

当然，精子的竞争非常残酷，成年男子一次射精可排出数千万至上亿个精子，而最终与卵子结合的通常只有1个，可谓千军万马过独木桥，是一场没有硝烟的战斗。当受精卵形成后，其余精子会先后死亡。

◆ 要点提示 ◆

要怎样提高精子的质量呢?

1 从饮食上看,注意膳食的搭配和营养,多吃一些补肾益精的食物,比如山药、核桃、鳝鱼等,远离烟酒。

2 适度运动,保证身体健康。

3 注意生活中的小事,如骑自行车不要用力过猛,注意防震;不穿紧身内裤,不穿牛仔裤等紧身裤。

4 保持愉悦的心情,不忧虑,注意减压,高效学习。

普通如我，也可以闪闪发光吗？

读完这一节有关精子的内容，你会感叹生命的可贵吗？其实孕育生命是一件很神圣的事情。我们大多数人都是很普通的人，都在自己的世界里学习、生活，日日平凡，循环往复。但我们每一个人又都是独一无二的，这世上再找不出第二个你。

因为，从一开始，我们的出现就是不平凡的。精子从出现的那一刻起，就要经历一场生与死的较量，要"翻山越岭"，经过重重阻隔，最终与卵子结合，成就胚胎最原始的状态。这是一个充满坎坷却又满载希望的过程，最后成就了独一无二的你。

虽然你我皆是茫茫人海中最普通的存在，但在爱我们的人面前，我们都是闪闪发光的，未来拥有无限可能。

所以，我们一定要好好生活，努力学习，不辜负精子"千里奔袭"的深情。

小女孩也会得妇科病吗

孩子，你是否认为妇科病就应该是已婚女人才会得的呢？其实小女孩也有可能会得妇科病。因为对妇科病的认识片面，我们极有可能讳疾忌医，认为得了妇科病很羞耻。

举个例子，阴道炎是常见的妇科疾病，白带异常、身体有异味、外阴瘙痒，这些都是阴道炎的症状。那么你会不会有这样的顾忌呢？认为这类病症很羞耻，难于启齿，甚至不敢跟家长提起，也羞于去医院检查治疗。

其实，阴道炎只是阴道发炎了，是很常见的妇科问题，嗓子发炎了需要吃药，阴道发炎了也需要及时治疗。要记住这一点，无论你现在芳龄几何，假如私密处出现异常，一定要立即告知家长，让她带你去医院做检查。

女性的生殖器官包括内生殖器和外生殖器，内生殖器包括卵巢、输卵管、子宫、阴道，外生殖器包括大、小阴唇及阴道前庭、阴阜、阴蒂、会阴。女性生殖系统的疾病统称为妇科疾病，也就是我们耳熟能详的妇科病。根据发病部位的不同，妇科疾病包括外阴疾病、阴道疾病、子宫疾病、输卵管疾病等，种类比较多。其中，妇科炎症性疾病较为常见，多是由于感染引起的，主要表现有外阴瘙痒、阴道分泌物异常、有异味等。

青春期女孩如果不注意自己的生殖保健，比如不注意经期卫生，卫生巾更换不及时，内裤没有做到每日换洗，经常穿紧身裤等，就会容易患上妇科疾病，比较常见的是阴道炎和月经不调。学习压力大，思虑过多也会引起内分泌失调，从而导致月经不调。

我们要关注自己身体的变化，如果出现下腹疼痛、小腹异常鼓起等症状，需要及时去医院做检查。

◆ 要点提示 ◆

如果得了妇科病，正确的做法是什么呢？

1　关注自己的身体状况，有不舒服的症状出现，要第一时间告知家长。

2　克服心理上的恐惧，去除羞耻感，以平常心看待妇科病。生殖系统和身体的其他部位、器官都是一样的，生病了就要及时去就医。

3　配合医生做治疗，遵医嘱。

4　注意个人卫生，每天清洗外阴，保持洁净。选择宽松、纯棉的内裤，每天更换清洗。

5　增强免疫力，饮食要清淡，注意锻炼身体。

你知道婴幼儿也会得妇科炎症吗？

如果成人对女婴护理不当也会使其患上妇科炎症。由于女婴的皮肤娇嫩，外阴尚未发育，阴唇小而薄，不能遮住阴道口和尿道口，所以很容易被感染。再加上护理不到位，比如长期使用尿不湿，且不及时更换；大、小便后没有清洗干净；成人的内裤与婴幼儿的衣服一起洗；婴儿用手抓阴部，等等。这些都会加大婴幼儿感染阴道炎的风险。

很好奇?那就快来了解一下吧!

小便和月经血是通过同一个地方排出体外的吗

未知的领域越神秘,我们就越会产生好奇心和探索欲。青春期可以说是一个神奇而特殊的时期,我们会学会很多新知识,对自己身体的构造也从陌生到熟悉,会理解一些看似奇怪却又是正常的生理现象,探索新知识的过程也是成长的一部分。

现在,你也许会像思琪一样对这个问题感到好奇:小便和月经血是通过同一个地方排出体外的吗?答案是否定的,用通俗易懂的方式说明一下就是,小便和月经血是通过两条不同的通道流出体外的。

在这个时期,你也许会有各种各样的疑问,而跟生殖器官相关的问题或许会让人感到不妥,这是性教育还不够普及的原因。但是现在老师和家长都意识到全面普及性教育的重要性,也在逐渐加大对青春期孩子进行性教育的力度。如果你有不懂的地方,可以直接向父母咨询,或者你也可以通过查阅资料来解惑。

专家解读

女性的排尿通道并不是阴道，而是尿道。女性的尿道短而宽，长度在 2.5～5 厘米，比较直，没有弯曲。从膀胱通向体外，开口在阴道上方。

由于女性的尿道较宽，距离肛门和阴道较近，如果护理不好，就很容易引发尿道感染。

◆ 要点提示 ◆

怎么护理尿道呢？

一般来说，夏季是炎症的高发时期。夏天天气炎热，私密部位很容易潮湿，滋生细菌。我们在这个时期要格外注意，预防尿道炎症的发生。

1. 多喝水，增加排尿次数。大量的水可以稀释尿液中代谢的废物，减少尿液对尿道的刺激，也会将尿道内的细菌冲洗掉。

2. 不憋尿，及时排尿。

3. 勤洗澡，勤换内裤。

4. 每日用温热的水冲洗外阴和肛门周边。

5. 保持良好的生活习惯，锻炼身体，增强免疫力，吃清淡的食物。

延伸阅读

男生排小便和射精是通过同一个地方吗？

与女性不同，男性的尿道长而细，长度为 16～22 厘米。男性的尿道既有排尿功能，也有排精功能。

男生在日常生活中也要注意个人卫生，如在排尿时出现灼热、疼痛、尿频、尿急等情况，不要犹豫，要及时告诉家长，及时就医。

青春期成长手册 ②

李小妃 著

情绪行为

天津出版传媒集团
天津科学技术出版社

主要人物介绍

梓轩

　　班级的体育委员,热爱运动,活力十足。

路路

　　淘气,经常捉弄人,但是很讲义气,与梓轩是好朋友。

依依

内向、乖巧，班级学霸，但在青春期与父母产生了一些矛盾。

思琪

活泼开朗，热爱学习，喜欢新事物，有些沉迷于网络。

班主任

热情、稳重，有责任心，理解同学们，是同学们坚实的后盾。

进入青春期后,你有过这样的感觉吗?

有时像"游园惊梦",面对一系列生理和心理的变化,会出于本能地进入自我保护模式,变得敏感、迷茫,不知如何面对未知,想要故步自封,身边的人却一直让你向前,于是你开始变得忐忑、矛盾、忧虑,甚至自卑。

有时,你感觉自己仿佛变成了一个巨大的皮球,球体外面布满了尖锐的刺,你控制不住自己的情绪和行为乱发脾气,任何人都能轻而易举地将你的球体戳破,同时也刺伤了他人,伤人伤己。

在这一特殊的时期,你需要面对和探索的问题和知识有很多,许多行为习惯也会在这一时期逐渐巩固,形成固定的自我认知。因此,学会科学地处理情绪和行为问题变得格外重要。

也许在今后很长的一段时间内,你都会被情绪问题困扰,最后发现原来负面情绪是不会被消灭的,不仅如此,它还会时常出来干扰你的正常学习和生活。发现这一点后,请不要害怕,也别退缩,重要的不是坏情绪出现了,而是我们应该如何对待,怎么解决。

明确这一点后,当愤怒、悲伤、嫉妒、自卑、忧虑来临时,你就会知道如何面对,不会手足无措任其发展,也不会发泄情绪伤人伤己。

如果进入青春期的你经常乱发脾气,担心同学在背后嘲笑,遇到挫折很难过,不知道如何处理与父母或同学之间的矛盾,有追星困扰等问题,那么你可以翻开这本书。它从情绪管理、亲子关系、人际交往和自我保护四个维度讲述青春期的我们应该如何处理情绪和行为问题,解读青春期阶段的一系列心理变化,给迷茫的我们指明方向。

情绪和行为管理是一个长期积累和学习的过程,从此刻起,让我们一起走进这本书,开启学习的新篇章吧!

你逃脱出这些情绪"黑洞"了吗

▶ 脾气为什么"一点就炸" // 002

▶ 总担心别人在背后笑我 // 008

▶ 遇到挫折很难受 // 014

▶ 为什么想要说脏话 // 020

▶ 我为什么越来越敏感 // 026

▶ 为什么他/她总是比我优秀 // 032

让亲子关系从对立走向合作吧

- 拜托，能不能给我一点儿空间 // 040
- 突然想叛逆一回 // 046
- 为什么会有离家出走的想法 // 052
- 我并没有顶嘴，只是有话要说 // 058

青春期要怎么与人和睦相处

- 为什么很在意别人的看法 // 066
- 好朋友之间就必须完全透明吗 // 072
- 为了讲义气就可以不分对错吗 // 078
- 为什么喜欢和异性一起玩 // 084
- 学习好就可以早恋吗 // 090
- 我喜欢的人会喜欢我吗 // 096

你知道如何保护自己吗

▶ 青春期为什么会追星 // 104

▶ 对"过分玩笑"说"不" // 110

▶ 网上交友安全吗 // 116

▶ 网络游戏为什么会让人上瘾 // 122

▶ 遭遇性骚扰怎么办 // 128

你逃脱出这些

情绪"黑洞"了吗

是时候做出改变了!

脾气为什么"一点就炸"

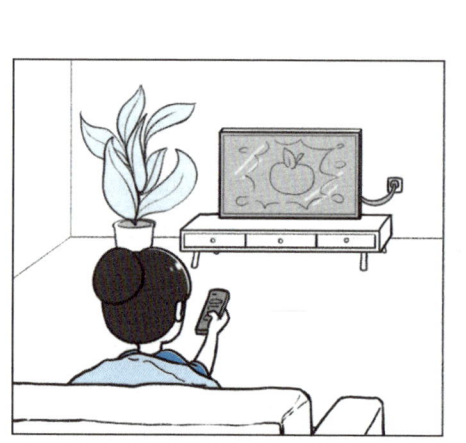

进入青春期后，我们可能会控制不住自己的情绪，叛逆的小情绪一旦浮出水面就很难控制。有些孩子很容易跟身边的同学发生冲突，稍不顺心就可能会拳脚相向，甚至会在和父母、老师交流时觉得"心烦"，心底涌出来的委屈和烦躁通通转化为愤怒。他们在生气的同时也会感到迷茫：为什么我变得这么易怒？我的脾气本来就很坏吗？

现在我要告诉你，青春期是一个很神奇的时期，你可以把它想象成一次"大冒险"，在这特殊的旅程中，你会遇到许多从前没有的变化。不过不要焦急，也别烦恼，我们有解决办法。

愤怒是一种很普遍的情绪，它随时都有可能产生，尤其在青春期，我们火气旺盛。当你感到愤怒，想要乱发脾气时，不要害怕，要感知和面对它。简单来说，就是当你生气时，你首先要感觉到情绪的变化，然后别逃避，也别任其发展，要采取一系列的手段去控制它，合理地平复它，直到心态变平和，心情变好。

其实,愤怒的情绪在婴儿时期就有所表现,比如当阻止婴儿探索新事物时,他就会生气、大哭。事实上,当一个人受到挫折,或者其行为不被理解、愿望没有达成时,他就会产生紧张和不愉快的情绪。愤怒是一种激动的情绪,在愤怒的一瞬间可能会产生诸多不可挽回的后果。因此,我们要学会管理自己的情绪,控制自己的愤怒。

如果你在青春期总是易怒,脾气火爆,"一点就炸",你可以学着控制它。

控制愤怒的情绪并不代表压制它,将它封锁起来不理会。正确的做法是正确认识自己愤怒的原因,寻找引起你愤怒的线索,然后有针对性地解决它,通过一种科学、健康的方法将心中的想法或不满表达出来。

管理好自己的情绪并不是一朝一夕就可以做到的,当我们学会正确面对它时,那些"一点就炸"的瞬间就会被我们慢慢瓦解。

◆ 要点提示 ◆

1 意识到自己有脾气时，告诉自己停下来，不要继续说话或行动，直到自己心平气和。

2 转移注意力法，也叫移情法，顾名思义，就是将专注点转移到其他地方。比如做体育运动、听音乐等，让自己的心情慢慢好起来，消耗掉自己的愤怒情绪。

3 当情绪平稳后，生气的感觉就会淡化很多，这时我们再站在客观的角度去分析眼前的问题。如果是和同学产生了矛盾，要与之沟通并说出自己的想法。自己犯的错要有勇气道歉，对于对方的过错也要有宽容之心。如果是和父母沟通不畅，那就主动找他们谈一谈，将自己心中的想法说出来。

4 我们要明确一点，我们要做的是解决眼前的问题，而不是制造更多的矛盾。发脾气解决不了任何问题，只会让冲突和矛盾加深。

野马结局

在一望无际的非洲大草原上,几匹野马在欢快地吃草。这时,从不远处飞来几只吸血蝙蝠,它们一口咬住野马的腿开始吸血。野马很生气,拼命抖腿,但蝙蝠咬得很紧,后来野马开始狂奔,想要通过奔跑甩掉吸血蝙蝠。最后,野马力竭倒在草地上死了,而吸血蝙蝠吸饱了血,拍拍翅膀飞走了。

"野马结局"告诉我们,愤怒的后果是惨痛的。生物学研究表明,吸血蝙蝠吸血并不会导致野马死亡,野马最后的结局是因为愤怒导致的狂奔。

可见,愤怒真的很可怕。现在,就让我们一起努力修炼战胜它吧!

总担心别人在背后笑我

每个孩子的性格都不同，有些像依依那样偏于内向、敏感，有些像思琪那样偏于外向、开朗。也许你会向往活泼开朗，觉得那样的性格很讨人喜欢，不想被贴上内向、敏感的标签。但我现在要告诉你，内向也有优秀的一面。

比如，内向的孩子心思更为缜密，思考问题更全面，遇到事情更加沉稳，默默思考如何解决，会给人一种内敛温和的感觉。同样地，内向的孩子也拥有正能量，可以积极向上，充满希望。

所以，下次再听到同学们在大声地笑时，答应我，不要灰溜溜地走开，你可以试着走近、加入他们。相信我，当你把自己的看法表达出来后，同学们也会很开心地接纳你的。

自信一些，少一些自卑的内耗，不要担心没发生的事。你可以试着告诉自己："我很棒，我可以做得很好！"

进入青春期后,内向的孩子有时会更敏感,会在意别人的评价。

德国著名哲学家阿图尔·叔本华曾经说过:"人性最特别的一个弱点就是在意别人如何看待自己。"

如果过分在意他人的眼光,那么周围人的一言一行都有可能成为干扰我们情绪的"小乌云"。所以我们需要构建积极向上的心态,积极地看待问题。当遇到问题或感到不舒服时,我们首先想到的不是"他是不是对我有意见",也不是不敢说出自己的看法,担心别人会嘲笑自己,而是要自信地面对自己,给自己一些积极的心理暗示。

✦ 要点提示 ✦

1 正确认识自己，勇敢地面对自己的不足。如果担心别人笑自己，那一定有着让自己自卑的因素，找到那些不足和不自信的地方，逐一攻破它。如果自己的力量不够，可以向老师、家长或好朋友寻求帮助。

2 建立自信，给自己积极的心理暗示，在心里对自己说"没关系""我不怕""试一试，我可以做到"等。

3 不要心急，慢慢克服。循序渐进，告诉自己消除心里的担忧需要慢慢来，你可以试着独立完成几件小事，建立自信心，然后再找出应对措施，战胜心底的忧虑。

罗森塔尔效应

1968年的一天,美国著名心理学家罗森塔尔来到一所小学,他对学校说要选一些学生进行"未来发展趋势测验"。学校一共有6个年级,罗森塔尔从每个年级选出3个班级的学生,象征性地做了一些实验后,将一份名单交给校长和相关班级的老师,告诉他们这些学生就是最有发展前途的学生,并且交代他们要保密。

事实上,这份最具发展前途的学生名单是罗森塔尔随机抽取的,他跟所有人说了一个具有权威性的谎言。8个月后,罗森塔尔再次来到这所学校,并且对这18个班级的学生进行测试,结果出人意料,堪称奇迹。那份名单上的学生进步很大,不仅学习成绩有所提升,也乐于主动与人交往,性格普遍活泼开朗。

这是什么原因引起的呢?原来教师在接收到罗森塔尔的暗示后,会对名单上的学生有所期望,并且会将这种积极的期望和暗示传达给这些学生,比如上课给那些学生多一些关注,而学生在老师的期望下也会更积极地回应,和老师互动。如此周而复始,学生的成绩和行为都会朝着老师的期望前进。

你看,积极的心理暗示具有很强大的力量,现在你还担忧有人在背后笑话你吗?少一些担忧,你本来就很好。

遇到挫折很难受

你知道吗,从我们出生开始,挫折就出现了,它就像生活中的调味剂,有了它,生活的滋味就丰富了起来。

当然,挫折出现的时候,它伪装成了我们不喜欢的样子。遇到挫折我们会本能地退缩,没有勇气面对,甚至在尝到失败的滋味时,我们会痛苦,会失落,会难过。不过好在你已经是进入青春期的大孩子了,是时候学会一些应对挫折的技巧了。

你可以将挫折看成是一种考验,是提升能力的一种途径。下次当你在学习和生活中遇到难题,经历坎坷时,你一定要坚持下去,从正面应对,不退缩。相信我,当你从挫折中走出来时,你会发现自己变得比从前更强大。

这大概就是成长赋予我们的力量吧。

唯物辩证法教导我们，任何事物都存在两面性。挫折，也是一样。

一方面，挫折给人带来的直观反应是消极、悲观和难过。但另一方面，挫折当中也隐藏着一股力量，只要我们认真应对，就会有所收获。那么当我们面对挫折，是一蹶不振还是愈挫愈勇，需要我们做出选择。

美国思想家拉尔夫·瓦尔多·爱默生曾经说过："每一种挫折或不利的突变，是带着同样或较大的有利的种子。"

当遇到挫折时，你可以试着用分心法和重塑法走出困境。

分心法，即转移此刻的注意力，暂时不去想让自己难过的事情，等待坏情绪慢慢减弱。

重塑法，即重新关注自己的目标，思考"我为什么这么做？"，分析让你感到难过的事情是什么，应该如何解决。

你要从挫折中找到对自己有利的"种子"，做生活中的攀登者，不畏将来也不畏惧艰险，无论前方有多少困难，也要一直勇敢地前行，攀登向上。

◆ 要点提示 ◆

1
遇到挫折，经历失败后，要及时寻求情感上的关怀。我们可以通过和父母沟通，和老师交流，让自己感觉到身边充满了关怀和爱护。

当遇到挫折时，我们心里也都很难过，心理上缺乏安全感，渴望得到帮助。这个时候，我们可以直接告诉父母，让他们知道我们不舒服，现在需要倾诉。

2
遇到难题不要退缩，稳定自己的情绪后，积极地思考如何解决眼前的问题，从被动去想到主动去做，用实践检验自己的想法。

我们可以建立和培养这样一种思维模式：思考—验证—动手。不将问题留给家长或老师，我们要做解决问题的主力，亲自尝试，直到找到解决问题的办法。

3
事后总结必不可少。当我们从挫折中走出来，也找到了解决难题的办法时，我们还需要找到原因，将挫折拆分，积累经验。当下一次遇到类似的事情时，我们就不会手足无措，就知道应该如何应对了。

逆商

逆商是指逆境商数,也被称为逆境商或挫折商。简单来讲,逆商是指人们处于逆境中的反应,是人们在遇到挫折、面对失败时,寻找走出困境方法的能力。

美国心理学家保罗·史托兹教授在《逆商》中写道:"在身处逆境中时,最可怕的是迷失前行的方向而手足无措。"

青春期的孩子会变得格外敏感,所以逆商训练必不可少。当我们的经验积累得足够多时,我们再经历挫折或者面对失败时就不会一蹶不振、手足无措了。

为什么想要说脏话

在成长的过程中,你也许有过"想要说脏话"的冲动,有时甚至会付诸实践。有人认为说脏话很酷,尤其在情绪激动的时候说一句,会感觉瞬间增强了自己想要表达的情绪。但你知道说脏话会产生什么不好的后果吗?

第一,说脏话会更加激化矛盾,不利于事情的解决,也不利于我们在学校的人际交往。最直接的影响就是没有人愿意和你交朋友,你很难收获友情。

第二,说脏话是一种恶劣的习惯,恶语伤人于人于己都不利。我们一旦养成了说脏话的坏习惯,想要改变就很难了。所以,如果你发现自己开始说脏话了,就要立即主动停止这种行为,努力改变。

第三,如果任其发展,我们就会变得暴躁易怒,稍不顺心就会恶语相向,不利于我们心智的成长,也不利于性格的养成。

现在,你应该知道说脏话的坏处了吧。那么从现在开始,就跟路路学习吧。自己不说脏话,当听到身边的朋友说脏话时要适当劝诫。如果解决不了,你可以向老师寻求帮助。记住,劝诫他人的前提是保护好自己呦!

青春期的孩子想要说脏话的原因有很多，总结一下大概分为以下几点：

第一，说脏话这一行为可以映射出我们的受教育环境。我们的模仿能力超强，起初听到身边的人说脏话时，我们会觉得有趣，会下意识地模仿。比如，当我们看到爸爸在与人说话时说了脏话，我们会觉得很酷，心里想："原来还可以这样解决问题。"

第二，我们将说脏话变成了坏情绪的发泄方式，靠说脏话来表达心中的不满。负面情绪一旦出现，我们急于发泄，往往会口不择言说出脏话。

第三，在人际交往中受到身边朋友错误的引导。青春期的我们容易陷入错误的友谊观，当身边的朋友说脏话时，我们会盲目跟风，想要和好朋友保持一致。所谓"近朱者赤，近墨者黑"，好朋友之间维护友谊也需要积极向上。

◆ 要点提示 ◆

要怎样避免说脏话呢?

1 重新审视自己的成长和学习环境,找到让我们说脏话的源头,给自己营造一个文明的语言氛围。如果父母有说脏话的习惯,可以和他们谈一谈,告诉他们说脏话是不好的习惯,他们已经影响到我们的成长了。浏览网络信息时要有选择地看,不盲目模仿,不学网络上的垃圾语言。

2 可以选择科学舒缓负面情绪的方法,比如体育运动、享受美食、和朋友沟通等。不要用说脏话来发泄不满。

3 自我暗示,每次说话之前都暗示自己不要说脏话,说脏话是不对的。说话前先思考,别冲动。

4 发现自己说脏话时,可以给自己一个小小的惩戒,比如可以惩罚自己多做一篇习题,或者原地跳50下跳绳,用惩罚警示自己。

5 让身边的好朋友监督,如果自己说了脏话,让朋友批评自己,这个时候我们要虚心地接受。

良言一句三冬暖，恶语伤人六月寒

"良言一句三冬暖，恶语伤人六月寒"这句话的解释是这样的：善良而有益的话，让人听起来如沐春风，就连寒冷的冬天仿佛都因此变得温暖起来；恶毒而负面的话，说出来会对人产生伤害，哪怕在六月的夏日也会使人感到刺骨的寒意。

孩子，你要知道，说出去的话就像钉子钉在木板上，即使他日拔掉铁钉，伤痕依旧还在。

未来的你们充满希望，你们更应该积极向上，讲文明、懂礼貌，做一个知礼仪的好孩子。

我为什么越来越敏感

　　进入青春期后，你或许会更在意自己的私人空间，不太想和父母倾诉自己内心的想法，会有一些敏感的行为，对异性好奇，心里藏着不能说的秘密，觉得老师对自己的态度不好，甚至对周围人说的话敏感多疑，多思多虑。如果你有了上述情况，不要焦急，也别过度在意，可以试着慢慢接受自己的敏感行为，学会理性地分析所面对的事情。

　　或许你可以这样理解自己的敏感行为：在青春期这个特殊时期，我们的身体在不断发生变化，我们的思想也在逐渐走向成熟。在彻底消化这一系列变化前，我们给自己穿了一件"自我保护衣"，一旦有人试图打开我们的这层"外壳"，我们就会出于本能地排斥，变得敏感起来。

　　这个时候，你可以告诉自己："没关系，我只是需要时间来慢慢适应自己的各种变化。"

进入青春期后,我们的身体逐渐成熟,这是长大的标志。在心理上,我们也渴望早日成熟和独立,可以说是"成人心理"与"小孩心理"并存的状态。我们或许会遇到这样的情形:同样的话,父母之前说,我们不会有太多反应;而进入青春期后再听到父母说,我们就会反应强烈,会生气、难过,甚至会对父母产生误解,认为没有人理解我们,仿佛一夜之间我们的情绪变敏感了。

当你也出现类似的敏感行为时,不要心急,也别过度担忧,你要学会面对自己的敏感,试着解决问题。

◆ 要点提示 ◆

进入青春期后,我们可以当自己的心理变化监测师。我们发现自己的心理发生变化时,就要精心守护自己的敏感。具体可以从以下几个方面入手。

1 当发现自己敏感时,不要妄自菲薄,也别自卑,敏感在青春期很常见。可以对自己进行积极的暗示,告诉自己不要担忧别人的看法和行为,自己的心情最重要。

2 增加有效沟通的频次,多和积极向上的人交流,互相倾诉,分享愉快的事,遇到难题也可以一起协商如何解决。

3 相信自己,我们都是独一无二的存在,在爱我们的人面前,我们就是闪闪发光的存在。勇敢接受自己的敏感,直视它,不逃避,与其害怕,不如承认:我就是敏感,那又怎样?

延伸阅读

你知道什么是高敏感者吗？

全世界每 5 个人中，就有 1 个是高敏感者，具有高敏感人格。如果这 5 个人是孩子，那么就有 1 个是高敏感儿童。

美国心理学家伊莱恩·阿伦是研究高敏感心理学的先驱。她认为，高敏感人群从出生那一刻起就具有特殊的神经系统，可以更深入地感知和处理接收到的外界信息。她做过大量的调查，最后发现世界上有 15%~20% 的人是高敏感者。

高敏感者都有哪些主要特征呢？

1. 深度处理从外界获得的信息，比起同龄孩子会表现得更成熟。

2. 容易受到外界的刺激，无论是积极的还是负面的刺激都会很难消化，积压在心底。

3. 情绪反应大，同理心更强。

4. 能敏锐地察觉到细微的刺激，感官更敏感。如对声音敏感等。

如果你是高敏感者，进入青春期后就更需要关注自己的内心。当然，高敏感并不是怪癖，而是一种与生俱来的天赋。只要你用对方法，找到与敏感和谐相处的方法，高敏感的天赋就能够得到转化。

为什么他/她总是比我优秀

也许在某个时刻,你看到身边同学的考试成绩比你好,人缘比你好,做什么都很顺利,你的内心深处会出现嫉妒的小火苗,你会感觉很不舒服,心里不服气,为什么他/她总是比我优秀。

有的时候,你嫉妒的同学恰好是自己的好友,在嫉妒他们比自己优秀的同时,你的心里还会感到忐忑和羞愧:有了嫉妒之心,是不是自己就变成坏孩子了?

别担心,嫉妒是一种很正常的情绪表现,几乎每个人都有过嫉妒之心。我们可以保留嫉妒当中能够激发人积极向上的一面,比如发现自己的不足,将嫉妒的人当作榜样,激励自己不断提升。

关于"嫉妒"的解释,《心理学大辞典》中是这样说的:"嫉妒是与别人比较,发现自己在才能、名誉、地位或境遇等方面不如别人而产生的一种由羞愧、愤怒、怨恨等组成的复杂的情绪状态。"

莎士比亚曾经说过:"您要留心嫉妒啊,那是一个绿眼的妖魔。"

嫉妒容易将人带入黑暗的深渊,尤其在青春期这个极为重要的成长过渡期。我们需要树立正确的人生观和价值观,防止相对脆弱的心灵被嫉妒侵蚀,要敢于正视嫉妒之心,将嫉妒转化为学习和进步的动力。

每一个人都有自己的优点,这毋庸置疑。我们要学会看到自己的优点,改正自己的缺点,遇到比自己优秀的人时,要用欣赏的眼光看待,切忌让嫉妒蒙蔽双眼。要以更优秀的人为目标,从而百尺竿头,更进一步。

◆ 要点提示 ◆

出现嫉妒心理时,应该怎么办呢?

1. 正确认识嫉妒,了解嫉妒带来的不好结果,如影响心情、破坏友谊、影响做事和学习效率等。

2. 重新审视自身,看到自己的缺点,承认自己还有不足的地方,将嫉妒转化为动力,努力向上。

3. 不和别人做比较,不做别人家的孩子,做好自己,只要自己在逐渐进步,哪怕进步很细微,也是成长。

4. 转移注意力,将精力放在有意义的事情上,不让嫉妒迷了你的双眼。

5. 找到适合自己发泄嫉妒的方法,可以像思琪一样找老师倾诉,或者和好朋友谈心,说出自己内心的想法,淡化嫉妒心理。

你知道嫉妒者有几种类型吗？

瑞士著名的心理学家维蕾娜·卡斯特将嫉妒者分为四种类型，分别是钦佩型、矛盾型、攻击型和抑制攻击破坏型。

钦佩型嫉妒者毫不掩饰自己的嫉妒，他们会使用美化的言辞表达对他人的努力、好运或成绩的钦佩，一般不会恶意攻击他人。

矛盾型嫉妒者会努力控制自己的嫉妒，但又对自己嫉妒的强烈性没有概念，意识不到嫉妒有多严重。

攻击型嫉妒者怀有恶意，会通过贬低和伤害使被嫉妒者感到焦虑和不安。

抑制攻击破坏型嫉妒者会用沉默隐藏自己的嫉妒。他们在他人取得成绩或占据优势时，虽然内心非常嫉妒，但他们会保持沉默，什么都不说。当被嫉妒者跟他们说话时，他们会表现得不爱理会。

无论是哪种类型的嫉妒者，嫉妒带给我们的感觉都不好。与其嫉妒，不如自我激励。告诉自己，只要努力，总有一日能追赶上那些优秀的人的脚步！

让**亲子关系**
从对立走向合作吧

拜托，能不能给我一点儿空间

也许此刻,你与父母之间的关系正处于剑拔弩张的状态,觉得父母不理解自己,什么都要管,还制定许多规矩让我们遵守,觉得自己没有空间,渴望自由和独立。而父母却认为他们所做的一切都是为了我们好,认为一切都是我们的错,最后还说是我们的行为伤了他们的心。

无论怎样,父母都是爱我们的,这毋庸置疑。我们可以主动一些,告诉父母:"请停止类似的行为,你们这样做会让我感到不开心。"在说出自己的心声后,我们也要反思自己的行为,是否有做得不好甚至不对的地方,有则改之。答应我,试一试,你会收获意想不到的效果。

专家解读

进入青春期后,我们和父母之间关系的好坏,很大程度上取决于他们的家庭教育方法。专制和说教似乎是父母经常用到的教育方法,但我们很排斥。面对父母的说教,我们会反感,亲子关系势必处于紧张的状态。

青春期是我们从孩子逐渐成长为大人的过渡时期。这个时期的我们迫切渴望自由和独立,想要像大人一样自由支配自己的时间,也需要有一些独立的空间。我们的思想逐渐成熟,慢慢地有了自己的思考方式和做事习惯。但是父母可能会搅乱我们的计划,将他们的想法加诸我们身上。

事实上,好的亲子关系不是靠说教和压制维系的,而是靠合作,是父母与我们一起成长。我们可以从父母身上学到如何思考,怎样做事,父母也应该试着学会尊重我们的看法,倾听我们的声音。

✦ 要点提示 ✦

要如何改善和父母之间的关系，让父母给我们足够的空间呢？

1 转变一下既定思维，亲子关系差，我们也可以主动给父母提意见。我们可以明确地告诉父母："你们管得太严了，我感到很压抑，我需要足够的空间。"

2 提议举办家庭日，可以一家人一起出行、野餐、做运动等，在轻松愉悦的心情下改善与父母的关系。

3 让父母知道我们有隐私，请他们尊重我们，给我们足够的空间。可以从小事做起，比如，不要翻看我们的日记，不要偷看我们的信件，进屋前要先敲门，等等。

4 告诉父母不要心急，要给我们思考和解决问题的时间，告诉他们我们已经长大了，很多事情可以独立处理，如果我们解决不了，希望父母再给予帮助。

直升机式父母

直升机式父母，意思就是像直升机一样盘旋在孩子身边的父母。这一类的父母会过分关注孩子生活和学习的方方面面，事无大小全部都要在他们的掌握之中，就好像他们身上有直升机的螺旋桨，无时无刻不盘旋在孩子的上空，督促和监视着孩子的一举一动。由于害怕孩子做不好，他们往往会抢先去帮忙，完全不给孩子任何独立思考和做事的机会，让孩子倍感压力，喘不过气来。

直升机式父母的过分保护，会给孩子带来无法挽回的伤害。孩子不仅会失去自由的成长空间，长大后的独立性和社会性也都会很差，甚至还会出现人际交往问题。

所以，如果你发现自己的父母有做直升机式父母的倾向，请一定要和他们来一场面对面的交流，告诉他们直升机式父母的坏处。要让他们知道，如果给我们插上独立和自由的翅膀，即使过程中苦多于甜，可当我们将来向云而冲时，便是苦尽甘来的时刻！

突然想叛逆一回

我们进入叛逆期后,往往会陷入一种思维误区:世上无人懂我,他强我更强,只有这样才能保护自己不受伤。

当我们叛逆时,我们或许是为了引起父母的注意,想用一种离经叛道的方法向他们传达一种信息:"我很难过,你们都不关心我,不在意我的感受。"可事实上,父母并不知道我们内心的感受,他们只能看到我们叛逆的表象。如果我们彼此缺少交流和理解,那么横在父母与我们之间的鸿沟就会一直在。我们继续叛逆,父母则会持续难过。

我们是真的想要叛逆吗?当然不是。很多时候,我们可能不知道如何正确面对棘手的问题。如果你遇到类似的问题,答应我,不要逃避,积极地与父母沟通,将你内心的想法都表达出来吧。

进入青春期后,青少年会有一段心理过渡期,在这个时期,我们的自我意识和独立意识逐渐加强,会出现希望摆脱父母监护的想法。

美国心理学家托马斯·戈登曾经说过:"青春期孩子抵触的不是父母,他们对抗的是父母的权力,以及基于这份权力的言行方式。"他认为,如果父母从孩子出生就不以权力施压的方法来教育孩子,那么孩子在进入青春期后就不会出现叛逆期了。

所以说,我们在青春期出现叛逆心理不仅是体内激素导致的,与父母的沟通方式也有关。如果父母"专制"和"独裁",那么我们自然会生出反叛心理,本能地抵触父母的"一刀切"式教育,会对说教有逆反心理,想要反驳。

◆ 要点提示 ◆

我们如果突然想要叛逆,该怎么办呢?

1
如果突然想要叛逆一回,请一定要冷静!不要因为任何原因而故意做错事。

告诉自己叛逆是不好的行为,应该制止自己大脑中错误的想法。

2
找到自己想要叛逆的原因,从根源上思考如何去做。

叛逆的主要目的是解决问题,然而叛逆解决不了任何问题,反而会激发许多矛盾和误解。因此,勇敢、积极地面对才是正确的做法。

3 我们要让父母知道我们为什么想要叛逆，是爸爸对我们的关注不够，还是妈妈管得太严厉，或者是他们不给我们自由和话语权。告诉父母，我们渴望得到他们的关注和爱，请他们多一些时间陪伴我们。

为什么会有离家出走的想法

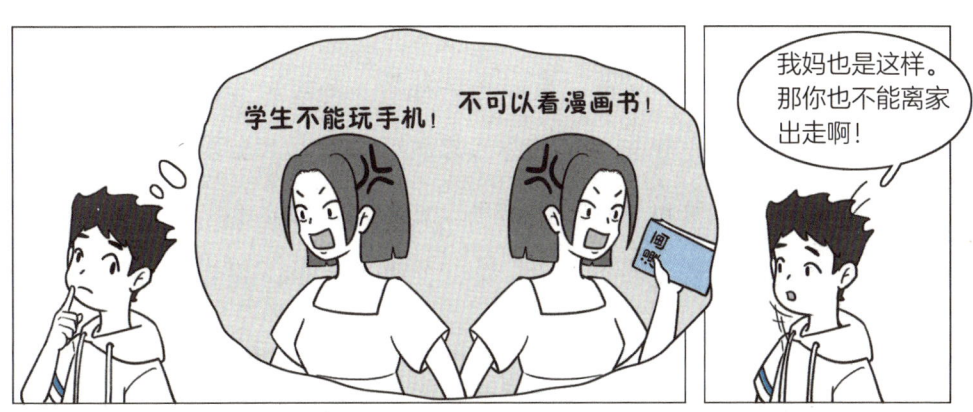

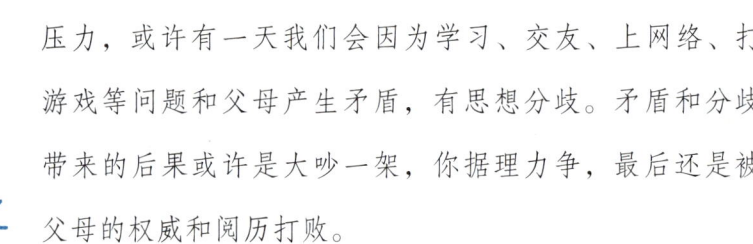

进入青春期后,我们要面对很多事情,也会有许多压力,或许有一天我们会因为学习、交友、上网络、打游戏等问题和父母产生矛盾,有思想分歧。矛盾和分歧带来的后果或许是大吵一架,你据理力争,最后还是被父母的权威和阅历打败。

任何人,包括我们的父母,在情绪激动时都难免会说出令人难过的话。你或许会质疑:"难道父母说的话就一定是对的吗?"答案是不一定。

很多父母都是第一次当爸爸/妈妈,他们也会做错事,说错话。当你觉得心里不舒服,遭受打击,认为父母不再爱自己,要逃离这个家时,请一定要消灭这种思想。毕竟离家出走解决不了任何问题,反而会给你带来更惨烈的结果。

答应我,你可以和父母来一场平等的思想对决,交流彼此的感受,互相分析对方说错或做错的地方。古人云:"知错能改,善莫大焉",我们可以和父母一起修正错误。

青春期的我们为什么会出现离家出走的想法呢?

第一,这一时期的我们有了叛逆心理,想要逃离父母的权力掌控,从而生出离开家的想法,想要父母着急、妥协。

第二,我们发觉父母的教育方式有问题,父母的说话方式让我们感到痛苦。当我们学习不好、沉迷网络、酷爱玩游戏时,父母采取严厉制止的方法反而会激起我们内心的反叛。

第三,父母之间的关系紧张,让我们缺乏安全感。如果原生家庭总是充满争吵,毫无温暖可言,那么我们的性格就会变得敏感、内向,且缺乏安全感。进入青春期后,我们认为自己已经成为大人,可以逃离原生家庭。

第四,青春期的我们比较敏感,在家里受到一点儿委屈就会无限放大,思想偏于悲观。

◆ 要点提示 ◆

如果心中产生离家出走的想法,应该怎么办呢?

1 进行自我说服,告诉自己"离家出走很危险,解决不了任何问题"。永远排除"离家出走"这个错误的选择。

2 用移情法使自己的情绪平稳下来,思考眼下遇到的问题,分析让自己萌生出离家出走想法的原因,然后对症下药。

3 不要觉得难为情,理顺自己的思路,和父母谈一谈自己内心的想法。

4 将自己与父母的矛盾告诉老师,向老师寻求帮助,让老师引导我们走上正确的道路。

5 找同学或好友倾诉,前提是我们所找的人要充满正能量。如果那个人劝你离家出走,请相信,他/她一定不是你真正的朋友,答应我,要立刻远离他/她。

延伸阅读

你知道离家出走会有什么危险吗？

1. 遇到人贩子，被拐卖。
2. 一个人在外面流浪，无依无靠，会吃许多苦头。
3. 误入歧途，走上犯罪的道路。

我在写下上述文字的时候都觉得很难过，更何况是亲身经历过的孩子呢？他们的父母会极其心疼的。所以请一定记住，无论发生什么事情，都不要离家出走。

我并没有顶嘴，只是有话要说

你或许也遇到过与依依类似的情形,进入青春期后,我们想要表达的话变多了,但这在父母看来却是父母说一句,我们有十句去反驳。其实我们不是在顶嘴,而是有话要对父母说。

进入青春期后,我们会感觉所有事情都变了,不但要面对身体的发育,还要适应心理的变化,我们仿佛一夜之间有了自己的秘密,有了自己的思想想要表达。可是最后我们发现父母没有给我们表达的机会,所以我们感到压抑、愤怒,甚至想要顶嘴,用实际行动告诉父母:"你们需要听我说!"

青春期的亲子关系很容易出现裂痕,而沟通和倾听就是亲子关系的"黏合剂",任何矛盾和分歧都会在互相倾听中得到解决。我们需要和父母倾诉,告诉他们我们内心的敏感和恐慌,以及希望他们倾听我们想法的意愿。在沟通中解决问题,在互相倾听中获得良好的相处时光,何乐而不为呢?

专家解读

父母的倾听对我们的成长至关重要。在家庭教育中有一个重要的"声音法则",就是平等地对待孩子,给孩子说话的权利,倾听孩子内心的声音。

父母的倾听可以帮助我们建立自信心,让我们感到被尊重,增强我们的安全感和信任感。倾听也有利于维护父母与我们之间的关系。我们倾诉,父母倾听,通过彼此的交流,我们会更信赖父母,与他们相处融洽。

伏尔泰曾说过:"耳朵是通向心灵的路。"

我们要告诉父母倾听的魅力,让他们主动倾听我们的声音,了解我们的心声,捕捉我们每一个思想火花的绽放。

◆ 要点提示 ◆

当我们情绪激动，想要跟父母顶嘴时，我们应该怎么办呢？

1 深吸一口气，让自己的情绪逐渐稳定下来。记住，在情绪激动时不要说任何话，也不要做任何决定，比如逃课、离家出走或打架等。

2 当你想要顶嘴时，一定是父母说的话或做的事让你难以忍受，你感到委屈、愤怒、伤心、难过。我们可以说出自己的想法，表达自己的心声，但是要找一个恰当的方式。不能顶嘴，但可以以理服人，如果我们没做错，那就更需要让父母知道。

3 告诉父母等一下，也请他们稳定情绪，静下心来听我们说话，倾听我们的心声。即使说出来后父母不一定认同，但我们要尝试。

4 请父母学着倾听我们的声音，我们也要学着了解父母的心意，少一些误解，多一些包容，共同维护彼此之间的友好关系。

延伸阅读

倾听要点

要点一：立刻放下手头的一切，将专注力放在对方身上，让他们感觉自己很重要，受到了尊重。

要点二：当对方说话时，真诚地看着他的眼睛，不能开口打断。

要点三：倾听完不可敷衍了事，一定要有所反馈，将自己的感想表达出来，增进彼此的交流。

要点四：隔一段时间再对此前的交流做一次复盘，将倾听付诸行动，定期进行。

学会倾听，不仅可以增进与父母之间的关系，还可以维系和朋友之间的友谊。

青春期要怎么与人和睦相处

为什么很在意别人的看法

进入青春期的我们或许会有这样的表现，很在意身边人的看法，对他们提出的意见耿耿于怀。比如：新买的衣服被同学说不好看，美好的心情瞬间就没有了，第二天也不愿意再穿那件衣服；闺蜜说不能和某个同学玩，而你又想交新的朋友，心里就会很矛盾，不开心；老师或同学无意间说出的一句话，你瞬间就代入，认为他们在说自己；在意别人的评价，会暗暗朝着他们说的去做。

如果你很在意别人的看法，我相信你会感到很累，而且会时常不开心，时间长了，自卑和不自信的心理就会出现。

请相信，任何人对任何事情的评价都是不一样的，每一个人的思想都是独一无二的，别太在意其他人的看法，我们只要做好自己就好。

青春期的我们如果过度在意他人的评价，就会容易陷入讨好他人的黑洞里，形成讨好型人格。那么我们为什么会在意他人的看法和评价呢？

首先，青春期是成长的特殊时期，青少年需要时间去接受身体和心理发生的改变，这个时期的自我认知在逐渐形成，它很容易受周围人的影响。如果我们的生活和学习环境中存在大量的否定和批评，一些随意的评价就会给我们贴上不好的标签，那么我们就会产生自我怀疑。

其次，如果我们本身缺乏自信心、内向、敏感，别人的看法和评价就更会直接动摇我们的思想。

最后，跟父母的教育方式息息相关。家庭氛围中如果充斥着打压和否定，我们就会产生自我否定心理，会对自己做的事情不自信，认为自己做不好。在这种家庭氛围中成长的过程中，一旦我们得到别人的肯定时就会感到轻松，久而久之就会更在意他人的评价和看法。

◆ 要点提示 ◆

当我们很在意别人的看法时,我们应该怎么办呢?

1 我们要学会分析其他人的评价或看法是否真实,学会辨别,不让虚假信息影响自己的心情。

2 我们要做自己,要告诉自己:"我很优秀。"每一个人都是独一无二的,都是特殊的存在,不要生活在他人的评价中,也不用过分在意别人的看法。

3 生活中的鼓励和支持可以铭记在心,不骄傲也不膨胀;周围人的否定要有选择地去听,有则改之,无则加勉,同时忽略那些恶意打压。我们要建立自信心,不用讨好别人,不要为了迎合别人的看法而委屈自己。我们需要关注自己的内在感受,守护自己的心灵。

4 过滤掉外界的垃圾信息,敢于直视那些中肯的、符合事实的评价。比如,当别人指出我们的学习方法不对,不应该那样学时,如果经过验证是正确的,那么就可以接受并改正,将那些看法转变成前进的动力。

延伸阅读

镜中我效应

1902年，美国社会学家查尔斯·霍顿·库利提出了"镜中我效应"。他认为，一个人的自我观念，是在与其他人的交往中形成的，一个人对自己的认识，是其他人对自己看法的反映。一个人所具有的这种自我感觉，是由别人的思想，别人对自己的态度决定的。

举个例子，假如身边的同学说我们有点儿胖了，那么我们会不自觉地关注自己的身材，每天量体重，刻意减少每餐的食量。如果老师说一个同学太内向了，那位同学起初也许并不在意，认为自己也不那么内向，但在与人交往时会不自觉地避免内向，会主动开口交流。

"镜中我效应"就是从别人的评价中认识自己。但他人的评价不一定是真实的，它存在一定的偏差。所以，我们没必要过于在意他人的评价，自信些，没有人比我们更了解自己。

好朋友之间就必须完全透明吗

很多人认为好朋友之间就应该无话不说，完全透明，一点儿都不能有所隐瞒。你或许也遇到过相似的问题：当拒绝了好朋友的要求，他/她就远离你，不再和你亲密无间。如果你遇到类似的事情，不要难过，也别有心理负担，你并没有做错。即使是好朋友之间也不能完全透明，彼此之间要保留一点儿神秘感。

每个人的成长环境不同，遇到的事情也不一样。不管是处在什么年龄段的孩子都有自己守护的秘密，有不想告诉别人的隐私。如果你不想说，没有任何人能够勉强你。

专家解读

朋友之间也要保持一定的心理距离，彼此尊重对方的隐私。和朋友相处时要注意分寸，不开过分的玩笑，不提无理的要求，要互相鼓励，积极乐观，不传递消极的思想，这样的友谊才能走得更远。

朋友之间的人际交往符合吸引力法则，你是一个怎样的人就会吸引怎样的人，与同频共振有异曲同工之妙。好朋友彼此吸引对方的是志同道合，是有共同语言，是身上的优点。维系友谊不需要讨好，也不要试图用秘密和隐私拉近彼此的距离。真正的友谊不需要完全透明，而是要给彼此留有空间。

◆ 要点提示 ◆

好朋友之间相处要注意什么呢？

1　不打探好朋友的隐私，尊重对方。

2　当好朋友主动分享自己的秘密时，不要对其他人说，不要辜负对方的信任。

3　不在背后说好朋友的坏话。

4　尊重对方的兴趣爱好以及为人处事的方式，不贬低也别贴标签。

5　对待朋友要真诚，要和朋友常沟通，且注意多倾听。

6　给朋友传递积极乐观的情绪，不传播消极情绪。当然，不开心时可以倾诉，和朋友一起找到变开心的方法。

7　虽然是好朋友，但也不能无话不说，保持半透明的感觉就很好。

为了讲义气就可以不分对错吗

青春期的我们意志力还比较薄弱,人生观和价值观也在构建时期,有许多事情还没来得及学习如何解决就需要面对。

很多青少年朋友会有这样的疑问:好朋友做错了事,是讲义气帮忙隐瞒,还是分辨对错,劝其承担责任?现在我来告诉你,应该像漫画中的路路那样守住自己的底线,分清对错。如果朋友做错了,就要用合适的语言和方式劝诫他,告诉他这样做是不对的。

如果你的朋友执意继续犯错,还美其名曰"考验友谊的时刻到了",那么切记,千万不要被类似的话冲昏头脑,理性一定要战胜感性。无论什么时候,都要选择正确的做法,那样对彼此之间的友谊也最好。如果对方一意孤行,一再做错事,那你应该劝诫朋友。

专家解读

朋友之间讲义气没有错,但要有原则、守底线。积极正确的事情应该发扬,消极错误的行为一定要制止。

青春期的我们对友谊的见解是需要不断学习和进步的,要学会和父母、老师沟通,学习如何正确地与人交往,处理人际关系。我们要懂得,维系朋友关系需要的是真诚、友爱,以及共同的爱好和目标,意气用事只会让友谊偏离轨道。

◆ 要点提示 ◆

如果朋友让你做一件错事，比如撒谎、打架、抄作业……那正确的做法是什么呢？

1 勇敢地对朋友说"不"，不做任何错事。说"不"不是断绝友谊，不讲义气，相反，这恰恰是最讲义气的做法。好朋友一定是希望对方更好，不能明知有错还偏要为之。

2 做一个"谏友"，让朋友及时醒悟。谏言需要讲究方式方法，语气要真诚，态度要诚恳，让朋友知道这是为了他好。

3 朋友之间也需要"及时止损"。如果你的朋友听不进任何劝诫，在犯错的路上一意孤行，还用"义气"和"朋友关系"来胁迫你就范，那么这样的友谊就毫无意义。成为朋友后应该共同进步，而不是一起说谎、做坏事。

延伸阅读

缅邈岁月，缱绻平生

"缅邈岁月，缱绻平生"出自南北朝时期诗人谢灵运的《赠安成诗七首》，翻译成现代的意思是，在遥远而悠长的岁月里，对你的感情依旧如往昔。

如果能遇到一个能让你用这句诗来形容的朋友，那该多美好啊！

为什么喜欢和异性一起玩

进入青春期后，我们会发现突然有一天对异性产生了好奇心，仿佛异性有什么吸引力，使我们总是不自觉地想要和他/她说话，喜欢和他/她一起玩儿。对此我们会感到困惑：为什么我们会对异性产生好奇呢？喜欢和异性一起玩儿就是变坏了吗？

现在我要告诉你，这不是一件坏事，在青春期被异性吸引是一件很正常的事，不要有心理负担。当然，在与异性朋友相处时也要注意分寸和距离，不能像与同性朋友相处时那般亲密无间，说话要掌握分寸，彼此之间要多一些尊重，少一些肢体接触。

专家解读

进入青春期后,我们的下丘脑、垂体、生殖器官开始逐渐发育,男生的睾丸分泌雄性激素,女生的卵巢分泌雌性激素,在大量激素的作用下,男生和女生的身体逐渐成熟,第二性征开始明显发育。第二性征的发育会激发性的驱动力,使青少年对异性产生好奇,所谓异性相吸,这是最初的性生理发展,出现这种生理反应很正常。

此外,外界的信息也会让我们对异性产生好奇,比如电视剧中男女恋爱的场景,生活中认识的亲戚恋爱、结婚。再加上青春期激素的作用,就会让青少年产生好奇,渴望去探索。

我们可以与异性交朋友,建立友谊,但要掌握分寸,坚持适度原则,不能有过于亲密的行为,更不可早恋。

◆ 要点提示 ◆

和异性相处时要注意哪些问题呢?

1 注意安全距离,不要有过多的肢体接触。

2 说话做事要讲究原则,谨记"男女有别",非礼勿视,非礼勿言。

3 珍惜与异性朋友之间的友谊,以学习为交友目的,共同进步,积极向上。女生可以学习男生的思维模式,男生可以学习女生处理情绪的方式。总之,要乐观,不扭捏。

4 不单独和异性相处。比如周末约好一起写作业，女生到了后发现只有自己一个女生，这个时候要找个借口离开，不单独和异性在一个空间学习。

5 掌握和异性相处的度，不要越雷池一步，不早恋。

学习好就可以早恋吗

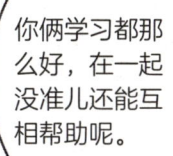

你收到过情书吗?

如果你收到一封来自异性的情书,大概率会感到开心吧!这是很自然的情绪,不要有羞耻心。但是开心过后,你要思考一下如何解决眼前这封情书。是接受,还是拒绝?

如果写情书的人很优秀,学习很好,长相清秀,会不会让你难以拒绝呢?这个时候就涉及早恋的问题了。

学生时代的感情都是很纯真、很美好的,能够遇到一个让自己感到快乐的异性,是幸福的。但我们也要敲响心中的警铃,不要迈出早恋那一步。不要用"我学习很好,不会耽误学习"来当理由。任何与学习无关的事情都会分散精力,尤其是男女之间的感情问题。

学习再好,也不要早恋。

早恋,也被称为青春期恋爱,是指年龄在18周岁以下的青少年确定恋爱关系或对他人产生爱意的行为。

《孟子·万章上》中写道:"知好色,则慕少艾。"意思是,人长大了,知道男女之情了,就会倾慕年轻貌美的人。不论男女,在青春期对异性产生倾慕之情都是很正常的现象。重要的是应该如何面对和处理。

早恋会影响学习,可能有人会说"我学习很好",笃定早恋不会影响学习。但他忽视了一个问题,男女之间的感情是最难预测的,它存在许多变数。在学生时代,我们的任务就是学习,处于什么阶段就要做相应的事。学生应以学习为主,恋爱的事要留在高考后。

切记,我们要将重心放在学习上,克制自己的感情欲望,无论学习好坏,都不要早恋。

◆ 要点提示 ◆

收到情书应该怎么做？

1. 不要以极端的方式拒绝，比如将情书公开，撕碎情书，或者用语言羞辱对方。陷入早恋旋涡中的人对爱情都是充满期待的，不要做伤害对方的事，拒绝也要和缓一些，要照顾对方的情绪。

2. 不要漠视，不要不回复，让对方留有期待。要明确告诉对方不可以，拒绝时要表明自己要专心学习，同时也要告诉对方，谢谢对方的喜欢，但是我们要以学习为主，只有自己变优秀了，考上理想的学校，将来才会有物质和精神基础来经营一段感情。

3. 礼貌拒绝后，如果对方依旧死缠烂打，耽误你的学习，那么不要客气，直接告诉老师和家长，向他们寻求帮助。

4. 如果依旧迷茫，那么你可以找要好的朋友倾诉，在交流中找到正确的方向，让心态平和起来。

延伸阅读

你知道早恋的危害有哪些吗?

1. 早恋会危害身体健康。早恋后,两个人势必会亲密相处,如果偷尝禁果,女生有可能得妇科病,甚至意外怀孕后需要做人工流产,给身体带来巨大伤害;男生也将面临背上伤害无辜生命、脱离底线、逃避责任的骂名,不利于身心健康成长。

2. 早恋会耽误学习,导致学习成绩急速下滑,与心仪的学校失之交臂。

3. 过早承受失恋带来的痛苦。青春期的孩子对于负面情绪的处理还处在学习阶段,稍不注意就会落入负面情绪的黑洞,走不出失恋的痛苦。严重一些的会离家出走,甚至会放弃生命。

青春期的爱情是一把双刃剑,它既代表了纯洁而美好的情谊,又有被早恋割伤的危险。希望年轻的你能够守住内心的美好,拒绝早恋,将学习放在首位。

我喜欢的人会喜欢我吗

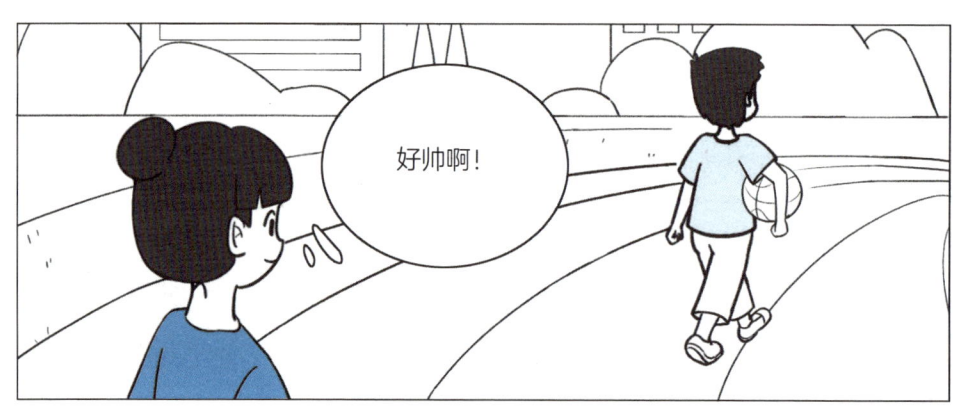

陷入暗恋中的青少年或许会感到困惑，有时会想：我喜欢的人会喜欢我吗？

年少时期的情感很纯真，带着思慕之情走在校园里，哪怕只在人群中瞧见一眼，也会变得快乐无比。喜欢异性是一件很自然、很美好的事。

可我们现在是学生，我们没有良好的物质和精神基础来维系一段健康的情感，与其思虑对方是否也喜欢自己，不如将心思放在学习上，努力充实自己，提高成绩。

切记，千万不要破坏暗恋的美好，不合时宜的告白只会扼杀年少时期的情感。

暗恋，简单来讲就是将对一个人的爱慕和思念藏在心里，不说出来，也被称为单相思。

青少年进入青春期后对爱情有懵懂的见解，认为爱情神秘又美好，心向往之，这都是正常的心理和生理现象。喜欢一个人很容易，困难的是应该如何看待这份沉甸甸的感情，是将暗恋变成明恋，主动去表白，还是默默藏在心里。

爱情需要强大的物质基础的支撑，更需要成熟的心理去经营。处于青春期的我们在各方面都稍显稚嫩，且主要任务是学习，没有时间和精力去经营一段感情。

所以，如果你有喜欢的人，那么一定要静下心来，告诉自己不要破坏年少的纯洁情感，将那份喜欢转化为学习动力，驱动自己完成学业吧。

◆ 要点提示 ◆

有了暗恋的人怎么办?

1. 喜欢一个人是正常的情感需求,不要妄自菲薄,也别自卑,要正确对待。不苦苦思念,不冲动表白,要自尊自爱,自信开怀,不要让暗恋影响自己正常的生活。

2. 暗恋也很美好,不要破坏这种朦胧的情感,可以将它细心收藏,妥善安放。情感是生活中的一部分,却不是全部,此时的我们最应该做的事就是好好学习,提高成绩,考上理想的学校。

3 转变思维，要有升华。比如，化暗恋为动力，把对方当成榜样，把对方优秀的地方变成自己努力进步的目标，告诉自己，要成为和他/她一样优秀的人。

4 请记住，美好的情感都是使人进步的。良好的两性关系是彼此都积极向上，努力拼搏，共同进步的。

你知道如何保护自己吗

青春期为什么会追星

　　你追过星吗?你有喜欢的偶像吗?你觉得追星是一件坏事吗?

　　任何事情都存在两面性,追星也是一把双刃剑:一方面,追星能够提高我们的人际交往能力,让我们很快融入集体,找到共同的话题;而另一方面,追星也会耽误学习,甚至会影响我们未来的发展。

　　提起追星,我们的父母和老师都会担忧,害怕我们会过度追星,有过激行为,甚至认为我们一旦追星了就会学坏,学习成绩一定会下滑。其实不用担心,只要我们理性追星,学习偶像的优点,不为追星而荒废学业,那么父母也会支持我们的。

专家解读

青少年进入青春期后需要情感寄托，精神世界渴望被满足。现在的青少年普遍追星，绝大多数人都有自己的偶像，这是再寻常不过的事。追星是可以的，但是要保持理性，不能盲目跟风，要遵守自己的原则。

偶像和榜样的力量是无穷的，这种积极向上的力量会给青少年的学习增加动力。想要追星和学习实现双赢，关键要看如何去追星。首先，我们要选择乐观向上的偶像，以品质好、守法律、懂廉耻的明星为榜样，不崇尚奢华，也不迷恋其外表，要透过皮囊看本质。其次，我们要明确追星的度，不将追星当成生活的全部，将明星的优点当成我们追求的目标，更加努力地读书。

此外，追星也要有底线，不做违法犯罪的事，一旦自己喜欢的明星有犯罪行为，一定要立刻脱粉，不要沉溺，不要替偶像找借口。追星也要擦亮双眼，要取其精华，去其糟粕，坚持做一个积极向上的学生。

◆ 要点提示 ◆

追星时要注意什么？

1 坚持自己的是非观，不盲目、跟从地追星，会辨别，不做错事。比如为了追星而文身、染发、美甲，为了见偶像而逃课、说谎、叛逆、离家出走等，这些都是错误的，不值得提倡。

2 选择能让自己进步的偶像，学习他们身上的优点。

3 明星褪去华丽的外衣，也是寻常人，不要把他们神化。很多明星形象都是经纪公司包装出来的人设，我们在追星时不要投入过多的情感，否则明星的人设一旦崩塌，我们的情绪就会受到影响。

4 控制好追星的时间，学会时间管理，现在的重要任务还是学习，追星的同时也要努力学习。

5 追星的"星"不只指明星，还可以是科学家或各行各业的翘楚，他们为祖国的繁荣昌盛奉献一生，同样值得我们去学习，去崇拜。

还记得"玉兔"号月球车发的最后一条微博吗?

2016年7月31日的晚上,"玉兔"号月球车超额完成任务,停止工作。"玉兔"号月球车发的最后一条微博是:"Hi!这次是真的晚安咯!!!还有好多问题想知道答案……但我已经是看过最多星星的一只兔子了!如果以后你们去到更深更深的宇宙,一定要记得拍照片,帮我先存着。月球说为我准备了一个长长的梦,不知道梦里我会跃迁去火星,还是会回地球去找师父?"

现在,我们的祖国繁荣昌盛,航天事业蓬勃发展,这是一群人始终坚持梦想的结果,为了更多的星星,为了更深的宇宙。

我想,大概这就是最浪漫的"追星"了吧!

星辰大海,永不止步。

让我们一起努力学习,和"玉兔"号一样,未来去看更多的星星,做一个追光的人!

令你不舒服的玩笑就拒绝吧!

对"过分玩笑"说"不"

你在学校有过这些经历吗?被同学起难听的外号,时不时被同学威胁要钱,甚至被同学殴打。

如果你有过类似的经历,或者看到过有人这样对待其他同学,一定要认清,这是校园欺凌,要坚决制止。

我知道,无论是被欺凌者,还是旁观者,都会有恐惧心理。被欺凌者因为害怕对方打击报复,所以不敢告诉家长和老师,只能默默忍受欺负。更有甚者,那些欺凌同学的人对外宣称:"我只是在开玩笑而已,你难道连一个玩笑都开不起吗?"他们妄图用这样的话掩盖自己欺凌同学的事实。而旁观者呢,也许因为害怕殃及池鱼,担心欺凌者将矛头对准自己而选择沉默。

答应我,一旦遇到校园欺凌,一定不要沉默,因为沉默和妥协只会让欺凌者变本加厉。时间一长,被欺凌者有可能会身心俱疲、精神崩溃、抑郁、自残,甚至放弃生命。

专家解读

学生欺凌属于校园欺凌的一种。学生欺凌发生在学生之间,是欺凌者通过肢体、语言以及网络等,对被欺凌者进行欺负、侮辱,给被欺凌者造成身心伤害的行为。

欺凌包括直接欺凌和间接欺凌。直接欺凌的欺凌方式是明显的、公然的,包括肢体欺凌和语言欺凌,比如打人、推搡、勒索财物、起外号、贴标签、嘲讽和羞辱等。而间接欺凌不易被发现,比如在网络上散播谣言,诋毁被欺凌者,联合同学孤立被欺凌者,给其发侮辱信息、照片等。

无论遇到哪种形式的欺凌,请一定要学会自保,不沉默、不忍让、不妥协,也不要恐惧和害怕,更不要担忧和自残,要拿起道德和法律的武器保护自己,勇敢、坚强地面对!

如果是旁观者,遇到校园欺凌的事件,也不应漠视,可以联合同学一起反对和抵制校园欺凌,这样做可以让欺凌者有所顾忌,减少欺凌同学的行为。

✦ 要点提示 ✦

遇到校园欺凌怎么办？

1 面对同学的"过分玩笑"，要直接制止，反驳对方，告诉他们："我不喜欢这个外号，请你以后不要再说了。"校园欺凌有了第一次就会有第二次，会反复出现。第一次被欺负时就要鼓足勇气拒绝。

2 面对校园欺凌时，我们会本能地感到害怕、恐惧。被欺负时会有鸵鸟心态，以为"忍一时风平浪静"，但其实忍只会使欺凌者变本加厉。不要对欺凌者抱有幻想，我们只有勇敢地站起来，用正确的方法反抗才能免于继续被欺凌。

3 被欺凌时，要果敢、犀利地要求对方停止欺凌。如果对方继续欺凌且变本加厉，要立刻告诉老师和家长。情节严重的，应立刻报警，申请验伤，包括身体验伤和精神检查，确保自己的身心健康。

4

　　旁观者也是校园欺凌的参与者，看到有人被欺凌，勇敢一些，联合其他旁观者一起抵制校园欺凌，守护身边的同学。

　　要相信，身边还是好人多一些，同学之间要互相帮助，被欺凌者与旁观者要守望相助，团结起来的力量是很强大的。

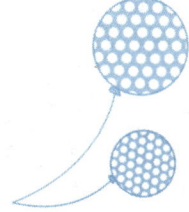

网上交友安全吗

进入青春期后，我们逐渐有了自己的想法，有些事情不想和父母谈，身边也没有可倾诉的好友，于是就将视线投向网络，会在网络上结交朋友。那么，在网上交友安全吗？可以放心地将自己的秘密说出来吗？如果网友要求见面，可以去赴约吗？

网络交友存在一定的危险性，谁都不能肯定跟你聊天的人是一个十几岁的同龄人，还是一个已过不惑之年的成年人。如果网友提出见面，那么我们就需要做出全面的考虑：是否有必要见面？网友是不是只存在网络上为好？还要考虑见面的安全性。我们毕竟是未成年人，阅历浅，涉世未深，一旦遇到处心积虑的坏人，后果将不堪设想。

总之，我不反对在网络上交朋友，但要擦亮双眼，懂得分辨是非，不轻易见网友，不转账，不做违法犯罪、违背道德的事。

专家解读

现在，互联网迅猛发展，网络已经成为我们获取信息的主要途径。我们可以从网络上获得学习方面的知识，比如查阅资料、看名师讲解习题、和同学交流学习经验等。当然，我们也可以在网络上交朋友。

交网友可以满足青少年的精神需求，在与网友交流时可以分享信息，缓解紧张的学习压力，让自己获得满足和快乐。但交网友也要注意保护好自己，要有网络安全意识，要树立正确的择友观，选择能让自己进步的人。

此外，和网友关系不要太过亲密，不要太依赖网友，不要错把看似熟悉实则陌生的网友当成依靠，甚至发展成网恋。

◆ 要点提示 ◆

网络交友需要注意什么?

1. 要有网络安全意识,不向网友透露自己的真实姓名、家庭住址、学校、班级,以及联系方式。如果对方率先说出,表明要交换个人信息,也要有自我保护意识,因为对方说的有可能是虚构的信息。

2. 如果网友提出见面,不要答应。他说自己是中学生,但他实际上可能是个心怀不轨的中年大叔,贸然与网友见面会让自己陷入危险当中。如果一定要见面,要跟父母说实话,请父母陪同前往。

3. 在上网期间,如果收到网友的暧昧信息、邮件或违反道德和法律的文件,切勿传播,也别观看,要第一时间告诉父母,必要时要做报警处理。

4 虽然交网友也是一种正常的社交需求,但不要将所有的精神寄托在网友身上,尤其是异性网友,切记不要深入虚幻的网恋中,网恋很危险,学生需警惕。

5 合理安排上网时间,不迷恋网络,也不长时间和网友聊天,控制好网络与学习的时间,以免耽误学习。

要排解压力就试试去运动吧!

网络游戏为什么会让人上瘾

你喜欢玩网络游戏吗?你在玩网络游戏的时候有什么感觉?是不是很开心,觉得刺激,太放松了,不知不觉就玩了一晚上,且内心非常惦记,会定个闹铃去做任务,白天无心听课,上课走神,注意力不集中,只想快点儿放学回家继续偷偷玩网络游戏?

我可以明确地告诉你,这就是网络游戏成瘾的表现。如果不加干预,后果将不堪设想。不仅你的学习会受到影响,而且情绪也会越来越暴躁,且滋生叛逆心。

也许你只是想要在网络游戏中找到存在感,想要缓解现实世界的压力,可一不小心就会泥足深陷。所以当你意识到对网络游戏上瘾后,你一定要摇响心中的警铃,告诉自己要立刻改变,戒掉网络游戏,时不我待。

专家解读

青少年对新事物的探索欲是很强的,会对新鲜事物充满好奇心,特别是没有接触过的地方。比如老师和父母认为很危险的"网络游戏",虽然我们被一再告诫不要去玩,但结果往往与他们的期盼背道而驰,我们还是会接触到网络游戏。

我们接触到网络游戏后,仿佛进入了一个新鲜感超强的虚拟世界。玩儿游戏的过程无论有多烦琐,我们都能快速找到解决办法,然后享受通关的喜悦。我们会感到开心且有成就感,自信心得到提升。但与此同时,由于我们的自控力差,所以很容易花费大量的时间去关注网络游戏,甚至黑白颠倒地去玩游戏,最后造成沉迷网络游戏,一日不玩便如隔三秋,非常难受。

网络游戏成瘾给我们带来的最直接的影响就是上课注意力不集中,睡眠不足打瞌睡,学习成绩下滑,还会有逆反心理,反抗父母的管理,情绪波动大,容易愤怒。

因此,自控力还有待提升的青少年还是不要玩网络游戏为好,应将专注力放在与学习相关的事情上,虽然这样做很难,但也要努力坚持。

◆ 要点提示 ◆

玩网络游戏上瘾了,该怎么做?

1. 给自己植入一个心理暗示:网络游戏只会给我们带来片刻欢愉,真正的快乐还是需要从学习中获取。

2. 回到家后主动上交手机,不给自己留有余地,让父母和朋友监督自己。

3. 转移注意力,将关注点从网络游戏上转移到其他地方。比如想要放松时,可以出去散步、慢跑,和同学聊天,一起探讨学习问题。

4. 走出去,到大自然中去探索。比如可以和家人一起出去旅游,去看外面的世界,感受不一样的风土人情。现实的世界远比虚拟的网络游戏更有趣,更值得探索。

游戏力

　　游戏力是基于游戏的一种亲子沟通方式。在游戏中,父母会通过游戏来理解我们的情绪,了解我们的内心,从而深入地构建亲子关系。在游戏中,我们会感到安全和放松,我们的思维和处理事物的能力也会得到锻炼。

　　我们要掌握的游戏力不是从网络游戏中获得的,而是从与父母的互动合作中汲取的。当我们的生活被父母的陪伴填满,我们可以通过和父母之间的游戏互动获得快乐、幸福、满足和安全感,那么一切网络游戏就都可以成为过眼云烟。

遭遇性骚扰怎么办

　　面对性骚扰，无论是男生还是女生，都会有恐惧心理。那一瞬间，被骚扰者会感到害怕，担心把事情告诉老师或家长后会被骚扰者打击报复。此外，我们从小接受的性教育知识不够全面，也不完善，基本上属于谈"性"色变，认为这是一件很羞耻的事情。其实不然，性教育其实可以帮助我们学会保护自己。

　　现在我来告诉你，遇到性骚扰，无论对方是谁，都要第一时间告诉父母或者老师，寻求他们的帮助。你要知道，遭遇性骚扰与我们的穿着、打扮、长相和身材都无关，是性骚扰者没有道德、缺乏底线、毫无操守，最需要检讨的是那些坏人。

　　如果遭遇了性骚扰，不要感到羞耻，也不要退缩，要勇敢地说出来。

专家解读

性骚扰是指骚扰者用带有性暗示的语言或动作对被骚扰者进行骚扰。性骚扰会使被骚扰者感到不悦,产生烦恼,精神感到压抑。

按照骚扰的方式,性骚扰可以分为言语性骚扰、动作性骚扰和环境性骚扰。

言语性骚扰是指通过低俗露骨的语言给被骚扰者带来困扰,如讲黄色笑话、荤段子等。

动作性骚扰是指通过肢体碰触被骚扰者的敏感部位,如动手动脚,触摸胸部、臀部等位置。另外,暴露自己的生殖器也属于性骚扰。

环境性骚扰是指通过布置环境让被骚扰者感到不适,精神受到侵犯,比如摆放刺激性图片和淫秽刊物等。

青少年应该学习一些性知识,以正常途径保护自己不受伤害。一旦遇到性骚扰应立刻采取行动维权。

◆ 要点提示 ◆

遇到性骚扰怎么办？

1 不要恐惧，也别害怕，告诉自己要勇敢，不沉默，不妥协。就像依依在公交车上遇到性骚扰，应立刻向司机师傅和周围的阿姨呼救，告诉大家有人性骚扰，请求司机将车开到公安局，申请调监控。切忌胆小怕事或中途下车，给坏人尾随的机会。

2 将自己遇到性骚扰的事情告诉父母，请父母给予帮助，无论对方是什么人，都需要将事实真相告诉父母。

3 要有危机意识和自我保护的意识。比如，不单独和异性待在一个空间里，不单独去空旷的地方，不单独走夜路等。此外，善良也需要留有锋芒，不能让坏人利用你的善良，将你骗去危险的地方。比如路上遇到有人向你求助，可以打电话给警察叔叔，告诉他们这里有人需要帮助。成年人向未成年人寻求帮助，一定存在阴谋，要时刻警惕。当然，也有坏人利用小孩子做坏事，比如小孩子哭着让我们带他回家找妈妈等，最安全的做法就是找警察帮忙。

4 遇到语言性骚扰也需要及时制止,明确告诉对方这是错误的,请注意文明用语,且立刻告诉父母和老师。

5 关注自己的心情,如果遭到性骚扰后感到低落、悲观、恐惧,要及时与父母沟通,必要时请心理医生介入,帮助自己调节心情,以免留下心理阴影。

青春期成长手册 ③

李小妃 著

学习高手

天津出版传媒集团

天津科学技术出版社

主要人物介绍

梓轩

班级的体育委员,热爱运动,活力十足。

路路

淘气,经常捉弄人,但是很讲义气,与梓轩是好朋友。

依依

内向、乖巧，班级学霸，但在青春期与父母产生了一些矛盾。

思琪

活泼开朗，热爱学习，喜欢新事物，有些沉迷于网络。

班主任

热情、稳重，有责任心，理解同学们，是同学们坚实的后盾。

前言

提起学习,你或许会有这样的疑问:"我也可以成为学习高手,变成老师和家长口中的优等生吗?"

在回答这个问题之前,我们一起思考一下:你认为的学习高手是怎样的呢?

他们是看起来非常努力,经常挑灯夜读,上课认真听讲,下课也不忘学习,错题本很多,使用题海战术,只知道学习,从不参加课外活动;还是看起来学习毫不费力,经常给同学讲题,喜欢参加户外活动,懂得劳逸结合,坚持参加兴趣班呢?

有些同学非常努力,但学习效果不佳,考试只能排在班级中游;有些同学经常做与学习无关的事,但考试成绩却一直很好。那么,是努力没有用吗?还是学习高手是天生的,可以不费吹灰之力考高分呢?

其实，并非努力无用。那个用功学习的同学之所以学习效果不佳，是因为没有掌握高效学习的技巧，绝大多数时间都在做重复和浅显的练习。他虽然整理了很多错题本，但只是将错题从卷子上搬运到笔记本上，并没有真正掌握知识，不知道解题技巧。写作业写到深夜也只是感动自己，单纯耗费时间，效率低下。而那个看似没有拼命用功却成绩优异的同学，恰恰是用对了学习方法。比如，给别人讲题是费曼学习法的应用，参加户外活动是缓解学习压力，坚持兴趣和爱好是增强对书本知识的连接度。可以说，学霸之所以是学霸，是用对了方法，做到了高效学习。

所以，我们得出的结论是：努力不是成为学习高手的"万能钥匙"，只有掌握高效的学习方法，才能打开高分之门。

掌握了高效的学习方法，就等于给这场学习之旅插上了翅膀，从而可以让我们冲上云霄，展翅翱翔。

本册书从学习习惯、学习方法、考试技巧、学习心态等维度入手，详细阐述和分析高效学习的方法，让我们可以调整青春期的学习方向，找到最适合自己的学习方法。

现在，让我们启动学习的内驱力，找到最便捷的学习路线，一起出发前往心中的"罗马城"吧！

目录

你是如何看待学习的呢

▶ 到底在为谁学习 // 002

▶ 对学习提不起兴趣怎么办 // 008

▶ 只有考第一才算优等生吗 // 014

▶ 习惯性拖延要怎么改 // 020

▶ 他也很爱玩儿，为什么比我学习好 // 026

你找到适合自己的学习方法了吗

- ▶ 预习效果差怎么办 // 034
- ▶ 学习时总走神儿怎么办 // 040
- ▶ 怎样听课才高效 // 046
- ▶ 为什么一听就懂，一做题就错 // 052
- ▶ 课堂笔记要怎么记 // 058
- ▶ 我的错题本为什么没有用 // 064
- ▶ 记忆力很差怎么办 // 070

你知道这些考试技巧吗

- ▶ 为什么一到考试就焦虑 // 078
- ▶ 考前复习无从下手怎么办 // 084
- ▶ 考砸了怎么办 // 090
- ▶ 粗心大意丢分太懊悔 // 096
- ▶ 这些应试小技巧帮你拿高分 // 102

学习中的其他困惑

▶ 成绩突然下降怎么办 // 110

▶ 偏科了怎么办 // 116

▶ 课间也需要学习吗 // 122

▶ 网课应该怎么听 // 128

你是如何看待学习的呢

到底在为谁学习

　　一些青少年朋友或许会认为学习是为了配合老师和家长，好像因为有老师的谆谆教诲和家长的时刻监督，我们才会挑灯夜读，努力学习。如果我们不清楚为谁学习，就没有主动学习的动力，一旦老师和家长放松，我们就会偷懒，找借口不去学习。想要找到自主学习的驱动力，就需要明确一件事：学习到底是为了谁？

　　如果将学习比喻成投资，那么最终受益人应该是我们自己，我们会享受到努力学习的成果，比如学习成绩名列前茅，受到老师的表扬，考入理想的学校，毕业后有所建树，等等。为了拥有更美好的未来，看更多的风景，我们势必要好好学习，学习各种知识来充实自己，让自己的人生更饱满。

　　所以，我们不要再说是为别人学习了，学习就是为了我们自己。

很多青少年不清楚自己为谁而学习,这主要是因为很多跟学习相关的事情都由家长、老师代其操心。比如,最关心学习成绩的是老师和家长;搜集行之有效的学习方法的是老师和家长;时刻督促我们学习的也是老师和家长,好像老师和家长才是主宰我们学习的"主人",我们反而变成了学习的"工具人",只知道要不断学习新知识,却不知道学习是为了什么。

父母对我们的学习过度干预,为我们提供事无巨细的帮助,会让我们产生一种错觉:学习是为了父母而学。其实,我们要先明确一点:学习这件事是我们的责任,也应该由我们做主,比如,如何制订学习计划、如何安排学习时间,采用何种学习方法,等等。

◆ 要点提示 ◆

对待学习的正确态度和方法：

1 与父母进行一场面对面的交流，告诉他们，请把学习这件事交还给我们自己。从此刻起，我们会自己制订学习计划，找到学习目标，会主动关心学习成绩。请父母给予我们宽松和自由的学习环境，不要过度干预，当我们需要帮助时会主动说出来。

2 自己的事情自己做，对学习也要有这种意识。我们不要安于享受父母在学习方面给予我们的便捷途径，只有依靠自己的力量去探索、去研究、去思考，才会记忆深刻。只有主动思考如何高效学习，找到最适合自己的学习方法，才能找到自主学习的驱动力。

3 学习的过程很苦，需要无数个日夜的坚持和努力，要有持久奋战的心理，不纠结此刻学习的结果。我们要享受学习知识的过程，将知识点学透，不轻言放弃，也不畏前路艰辛。

4 学会调节自己的心理，当学习压力大时，用适当的方法放松，劳逸结合。

学习也是一场马拉松

跑马拉松,报名时比拼的是勇气,迈出第一步后,需要的是决心,跑完全程需要的就是耐力和毅力了。事实上,这种马拉松精神在学习中也完全适用。学习本身就是一场马拉松赛事,起跑时一眼望不到终点,过程中我们坚持的每一步、流的每一滴汗水、写的每一个字以及做的每一道题都是在为冲过终点做准备。

和运动一样,我们在学习的过程中也会遇到许多难题,遭受多种打击,但我们依旧要脚踏实地、分秒必争地努力着、学习着,不畏惧前路,一直向着梦想前进。

当我们战胜马拉松的煎熬,克服心理压力,经历一次次失败后毅然选择不放弃,再面对学习上的困难时,我们才会勇敢地选择坚持,这就是体育精神给我们带来的力量。

兴趣是学习的内在驱动力。

对学习提不起兴趣怎么办

你也许会有这样的想法:我为什么要培养学习的兴趣呢?学习就是枯燥的,我不想学习,我想出去玩儿。

你有这样的想法是很正常的,在不明白学习的意义前,我们都会本能地选择相对简单且舒服的方式生活。学习的过程的确很枯燥,还需要付出许多辛苦,如果再缺乏兴趣和动力,那么学习之路就堪比难行的蜀道。

书山有路勤为径,学海无涯苦作舟。勤和苦是学习之路的必需品,兴趣可以弱化二者带给我们压力。可以说,学习兴趣是推动我们学习的内在力量。

我们在学习时也不能完全靠硬拼,而是要讲究一些方式方法,要尊重自己的兴趣和爱好。

兴趣是最好的老师,可以点燃青少年学习的内在驱动力,让我们可以自主学习,探索未知的世界。

我们只有激发自己对学习的兴趣,增强自己的求知欲望,学习的状态才会变好,不会出现"父母和老师推一把,我们就朝前走一步"的情形,从而达到事半功倍的效果,在学习之路上也能披荆斩棘,越走越远。

兴趣是探索的第一步,有了兴趣,就能在学习的海洋中自在遨游。

◆ 要点提示 ◆

学习兴趣的培养方法：

1 保持好奇心，正视自己的探索欲。遇到新事物，我们会本能地想要探索，不用觉得不好意思，在任何年纪我们都要保有好奇心，学习新知识。

2 给自己设定学习目标，增强自信心和成功感。可以从简单的学习目标开始，逐渐加大目标的难度。当目标达成后，满足感和喜悦感会让我们增强对学习的兴趣。

3 保留自己其他兴趣爱好的同时，将部分兴趣转移到学习相关的科目上。举个例子，爱因斯坦对物理感兴趣，不喜欢数学，但他在深耕物理的世界时发现数学是基础，所以他连带着对数学也感兴趣了。比如你喜欢看名著小说，那你就需要好好学语文，这更有利于你读懂小说，了解作者想要表达的思想。

4　劳逸结合，去大自然中放松身心。学习是生活的一部分，但不是全部。我们在学习之余也要有自己的放松方式，可以去户外呼吸新鲜空气，感受大自然的美好。

5　上课紧跟老师的节奏，在老师的带动下，一步一步挖掘自己对知识的兴趣。

6　多和同学交流学习经验，保持学习的积极性。当自己对学习不感兴趣时，可以向同学取经，听取和借鉴他们的方法，直到找到最适合自己的方法。

只有考第一才算优等生吗

也许有人会问:"是不是只有成绩排在前面的学生才会被老师喜欢?是不是只有考第一才是优等生?我可以成为优等生吗?"

每一个学生都可以是优等生,任何人都不可以随意给我们贴标签,认定我们不行,考不出好成绩。优等生的评定标准也并不仅仅是成绩名次。

我们在学习知识时,不要给自己过多的压力,只要这一次的考试成绩比上一次有进步,那么我们就有成为优等生的潜质。不要和任何人比,我们只和自己比,以真正学到知识为目的。

专家解读

青少年在学习时要稳住自己的情绪,放平心态。对待新知识要有耐心,要反复去学、去巩固。就算考试失利了也不要紧,告诉自己没关系,努力复习,从失败中总结经验就好了。

在这里我们引入一个名词——"有效失败"。有效失败是心理学家马努·卡普尔提出的。他将失败分为有效失败和无效失败。有效失败就是总结和分析失败的原因,从失败中获取经验和教训,从而让我们得到成长,这样的失败就是有效失败。没考第一或者考试成绩不好,没有关系,我们要从这次考试中总结错题原因,梳理知识点,将错题研究透彻,找到解题的技巧和方法。如果我们做到这几点,就算是有效失败。

青少年在学习时不仅要注意从有效失败中吸取经验,还要摒弃完美主义,不要认为只有考第一才是成功的。第一只是一个高点,是凤毛麟角。我们更要做学习路上的开拓者。只要我们一步一个脚印,每一步都有进步,都在提升,那我们就是优等生。

◆ 要点提示 ◆

成为优等生的方法：

1. 认清自己，给自己清晰的定位，不盲目自信，不要有"不考第一誓不罢休"的想法。

2. 不自卑，也别给自己太多压力。学习是一件需要长期坚持的事。并不是所有努力都有回报，要放平心态，把知识点吃透。

3. 不乱发脾气，情绪要稳，和父母好好沟通。不沉默，也别叛逆，让父母知道我们的想法，同时也要说服父母不要总纠结于一时的成绩高低。

4. 不将第一设定成目标，学习目标要符合自己的实际情况，要像篮球筐一样，跳一跳就够得着，激励自己努力。

延伸阅读

无效成功

瑞士心理学家马努·卡普尔教授将成功分为有效成功和无效成功。那么什么是无效成功呢？

举一个例子，班主任老师给学生布置了暑假作业，要求所有学生自己动手做一个手工作品，作品内容不限，可以画画、做布偶、做雕塑等。依依用树叶做了一幅手工画，她收集各种树叶，画了背景图，用胶水粘住树叶，把它们摆成好看的图案。做完之后，依依感觉很满意。可依依的妈妈却十分好胜，在手工作品比赛中想让依依争夺第一，因此她让依依画了一幅油画，她做最后的修改。事实上，她修改之后完全看不出依依的绘画痕迹了。最后依依交上去妈妈辅助完成的作品得了第一，但依依并没有从这次成功中获得任何启示，也没有进步，所以这次的成功就是无效成功。

相反，依依独立制作的树叶画就是有效成功，她能够主动完成手工作业，锻炼了动手能力，这就是进步，是成功。

希望我们都能从无效成功中吸取教训，不做无用功，也不追求无效成功。

习惯性拖延要怎么改

你学习、做事习惯性拖延吗?

写作业磨蹭,每次都写到很晚,总被家长和老师催促写作业进度,尽管如此,下次依旧我行我素;做事磨蹭,不到最后一刻绝不动手,明明知道拖延的后果不好,但还是自控力不强,一再地拖延;学习、做事没有计划,时间就在磨蹭和拖延中被消磨掉……很多时候,我们都是在一边担忧着拖延带来的后果,一边又难以自制地拖延,时间一长便形成了习惯性拖延,想要改正就很难了。

也许你会问,习惯性拖延的学生就是坏学生吗?就没办法改正了吗?老师和父母就会放弃我们,不管我们了吗?

其实,你不必有太多的心理负担,有问题不要紧,改掉就好了呀!拖延人人都可能会有,包括我们的家长和老师。人总会有偷懒的时刻,有自己拖延的理由,这很正常。但是拖延这种习惯的确不好,我们需要认清它会带来的负面结果,面对它,然后改掉它。

专家解读

拖延是指在明知道这一行为会带来不好的后果时，还随心所欲地将计划要做的事情往后推迟，这是一种普遍存在的现象。拖延这一行为不好，所以青少年需要加强日常生活和学习上的自我管理。

习惯性拖延大多来源于大脑的惰性。当我们要做某件事时，大脑会被周围其他简单而有趣的事情吸引，惰性思维占据大脑时，拖延就应运而生。

此外，父母和老师的催促会让我们反感，产生逆反心理，家长越催促，我们越磨蹭。

当然，我们内心的完美主义也会引起拖延心理，因为担心做不好，所以迟迟不去做。或者自身能力不够，担忧承担不了结果，所以索性不做。

青少年要重视自己的日常生活和学习管理，增强自控力，争取改掉习惯性拖延的坏习惯。

✦ 要点提示 ✦

改掉习惯性拖延的方法：

1. 先思考，对拖延有清晰的认知，将拖延可能带来的不好结果罗列出来警示自己，然后分析自己出现习惯性拖延的原因，对症下药。

2. 自己制订学习计划，计划细化到每一天。举个例子，可以利用早自习十分钟的时间写下当日学习任务清单，并且预留出处理突发事件的时间，合理规划，劳逸结合，完成一项任务就在清单后面标注一下。

3. 学会管理自己的时间，珍惜时间，不虚度光阴。我们要有"自己的时间自己做主"的意识，合理支配自己的时间。如果遇到阻碍，就心平气和、有理有据地和对方进行沟通。学习也要有紧迫感，分秒必争。

4 正视自己的能力,清楚地知道自己在学习中处于什么位置,不好高骛远,不畏惧担忧,脚踏实地地学。不要担心考试考不好,也别怕学习没有成果,着手于当下,记住每一个知识点,认真听课,努力复习。不让焦虑和担忧消耗自己的学习能量,只要有一点点进步,就说明努力没有白费。

5 找到榜样,定期交流,吸取经验,改掉自己拖延的坏习惯。

6 找到学习的兴趣和动力,当遇到问题时,要用好奇心和兴趣赶走大脑中的惰性。坚持下去,你一定可以改掉拖延的坏习惯,要对自己有信心。

玩儿就玩儿个痛快，学就学个踏实。

他也很爱玩儿，为什么比我学习好

也许此刻你跟梓轩一样存在这样的疑问：为什么他/她那么爱玩儿，学习成绩还那么好呢？同样爱玩儿，为什么我的成绩那么差，这究竟差在哪儿了呢？

也许你只看到了同学爱玩儿的一面，却不清楚他们为学习付出了怎样的努力。对于一部分同学而言，玩儿是在放松心情，是解压的方式，是学习之余调整身心的手段。可你在玩儿的时候却很容易上瘾，甚至上课铃声响起都不会中断想要玩儿的想法。

学习并不是埋头苦读，也不是片刻都不能停歇，相反，学习也要坚持适度原则，注意劳逸结合。学的时候就用尽全力，玩儿的时候就放空一切。将学习和玩儿区分开，在学习之余玩儿是可以的，但不能贪玩儿。

专家解读

  学习也要讲究方式方法,学习高手之所以看起来毫不费力,那是因为掌握了精准学习的诀窍。学习不仅需要"勤为径""苦作舟",还需要休息和放松,找到适合自己的解压方法。

  对于学习高手而言,玩儿也要有选择,指的是选择那些可以在学习之余,放松身心的游戏方式。通过有节制的玩耍放松紧绷的心弦,以便接下来更好地投入学习当中去。我们提倡快乐学习,学习不是一味地死读书或将全部精力都投入书本当中。劳逸结合才能让学习动力更持久。

◆ 要点提示 ◆

平衡学习和要休闲娱乐的方法：

1 学习要有规划，合理安排学习和玩耍的时间，要以学为主，玩儿为辅。这其中的度可以由我们自己掌握，学习时间由我们自己规划，课后娱乐也由我们自己决定。

2 注意选择适合我们的娱乐方式，体育运动就是非常不错的选择。也可将兴趣和爱好融入其中，但不要玩儿网络游戏，因为自控力不强的我们极有可能对游戏上瘾，那样将会影响学习。

3 学习是生活的重要组成部分，却不是全部，休闲、放松也很重要，学会放松才能使自己的精神更饱满，更能体会学习和生活的乐趣。

4 玩儿并不代表放纵，贪玩儿是不可取的，我们要懂节制，自己定的规则要遵守，要严格按照计划进行。

体育运动的重要性

体育运动也是一项顶尖教育。它可以锻炼我们的意志，给我们带来健康的体魄，减少肥胖问题，帮我们赶走心灵上的紧张和压力。同时，体育运动还可以帮助我们提高情绪管理能力，让我们用运动的方式排解负面情绪，并且有助于我们提高人际交往能力，让我们在运动的过程中收获友谊。

学习只是我们生活的一部分，我们还需要健康、快乐和自由，而体育运动可以让我们拥有健康的身体、快乐的心灵和自由的时光。当身心状态极佳时，我们也能更加努力地学习了。

运动是可以伴随我们一生的事，我们不仅要重视运动，还要学会将体育精神应用在学习中。

你找到适合自己的

学习方法了吗

预习效果差怎么办

你有预习的习惯吗?你用对预习方法了吗?

有些同学或许会问:"为什么我花费大量的时间预习,却没有什么效果呢?"那是因为你没有掌握预习的诀窍。预习不是简单地将课本通读一遍,也不是用所耗费时间的长短来衡量预习效果,单纯的努力只会感动自己,给自己造成预习到位的错觉,并不是你认为自己已经很努力地预习了,就一定会收到相应的效果,如果预习方法不恰当,对于提升学习成绩并不会有太大作用。

实际上,预习也需要有一套自己的体系,只有掌握了高效的预习方法,才能让预习更好地为课堂学习服务。

　　《礼记·中庸》中写道:"凡事预则立,不预则废。"做任何事情都需要提前准备,学习也是一样。高效预习可以让我们更好地利用课堂时间,使学习效率倍增。

　　当然,我们不能认为自己预习过了,就是学会了。课本上的很多知识点,如果没有老师的点拨,我们很可能只会知其然,而不知其所以然。因此,上课认真听讲还是很有必要的,我们不能因为预习过就上课走神、不认真听讲。

　　预习要亲力亲为,要多思考,记笔记,标清疑难点,上课带着问题去听讲,听课效果会更好。

✦ 要点提示 ✦

高效的预习方法：

1 转变思维。学习是自己的事，自己要安排时间主动预习。

2 把握预习的时间。如果预习一门学科超过一小时，那就要反思效率问题了。我们的时间有限，除去预习，还有复习、写作业等学习任务要完成，所以我们要整合学习时间，合理分配。

3 整理预习笔记时，语言要精练，不必逐字抄写，自己能看懂即可。可以将课堂笔记分为两块，上面为自己做的预习笔记，下面是课堂笔记，以便作对比和总结。预习笔记应包括自己梳理的知识点、自己认为的重点，以及预习时没有掌握的难点。将不懂的问题一一列出，上课时着重听老师讲疑难点，带着问题去思考、去听讲，积极和老师互动。

4 预习时也可直接在书本上画出重点，着重看课后习题，思考做题的思路，最后独立做题，检验预习的效果。每个学科的预习方法都有侧重点：对于数学，注意对公式和课后题的理解，琢磨解题思路；对于英语，则多积累新词汇、固定搭配和语法等。

5 总结预习笔记，检验课堂听课效果。查看预习笔记中的问题是否都一一解决，知识点是否充分理解。如果还有不明确的地方，下课后立即找老师或同学询问，解决难题。

6 勤思考，多和同学交流，借鉴同学的高效预习方法，可以将优秀的方法融入自己的预习方法中，从而找到最适合自己的预习方法。

学习时总走神儿怎么办

我们在学习时或多或少都出现过类似的情形：上课走神儿，总想看窗外；做题时总分心，注意力集中一小时都很困难，心里总想与学习无关的事……这其实是一种很正常的现象，学习需要精神高度集中，对专注力的要求也很高，但要一直保持高强度的专注力，一直将精神集中在学习上，这很不现实。所以我们在学习时提倡劳逸结合，学习一段时间后要去放松，主动将注意力从学习转移到其他方面。

如果你总在学习时走神儿，不要过度担心，也别忽视不管，你可以找到适合自己的提高专注力的方法，做一些专注力训练。

专家解读

研究表明，大脑高度集中注意力的时间只有20分钟，在学校上课的45分钟里，老师也会合理安排课堂时间，不会将45分钟全部用来授课，还会安排一些其他吸引学生的内容，试图增加学生集中注意力的时间。

我们在学习时，往往会被各种各样的事情分散注意力，对此我们要加以重视，找到走神儿的原因，有针对性地采取措施。

◆ 要点提示 ◆

学习时总走神儿的解决方法：

1 给自己打造一个高效的学习环境。找一个相对安静的地方学习，书桌保持整洁，按照学科摆放书本和习题册，文具摆放整齐，不需要的东西收到抽屉里，书桌上不放任何食物，不摆放电子产品。有条件的话，书桌要远离床。

2 上课时要集中注意力，紧跟老师的讲课步骤，多和老师进行互动。课后做题时要心无旁骛，如果发现自己不在状态，立即中止学习，站起来放松一下。当排空脑海中令自己分神的东西后，再进入学习状态。

3 学习时要充分调动耳、眼、手、脑的积极性。耳朵要听老师在讲什么；眼睛要看板书或课本；手要勤写，加深记忆；脑袋要思考。当我们学习的精力充沛时，疲劳感就会减轻，注意力也会相对集中些。

番茄钟学习法

番茄钟学习法实际上是一种时间管理方法，是意大利人弗朗西斯科·西里洛提出的。弗朗西斯科·西里洛做过大量研究，在一个番茄钟时间里，也就是25分钟，人们可以非常专注地学习和做事，能最大限度地提高工作和学习的效率。

番茄钟学习法的具体步骤如下：

1.列出一份清单，按照轻重缓急规划好即将要执行的学习任务，并且把任务写在表格里。

2.找到自己的番茄钟，可以是计时器、手机定时器、闹铃，以25分钟为一个番茄钟时间。

3.开始进行番茄钟学习。从列表中的第一项任务开始，25分钟后按下番茄钟，学习暂停，在任务清单上做下标记。

4.休息5分钟，然后进入下一个番茄钟时间。如果一项任务在25分钟内完不成，那么可以将任务拆分成两个或三个番茄钟时间完成。

认真,认真,再认真!

怎样听课才高效

你或许认为在学校上课的效果不大，就算在课堂上走神了也不要紧，课后加倍努力也能掌握新知识。如果你对课堂学习有类似的看法，那一定要立即改变这种想法，因为课堂上的时间非常重要，上课一定要认真听讲，不能偷懒、打瞌睡、走神儿等。我们在上课时应该积极配合老师，每位老师都有自己的授课技巧，会充分调动我们学习的积极性，增强我们对课本知识的理解。

课堂上的时间很宝贵，上课时跟着老师的节奏，按照老师的要求去做，有利于增强听课效果，便于我们更好地理解知识点。如果有不明白的地方，要找准时机询问老师，争取最大限度地利用好上课时间。

专家解读

你知道学习的黄金时间是什么吗?

有人把老师在课堂上授课的 45 分钟称为教学黄金时间。课上一分钟,胜过课后一小时,学生把握住这关键的 45 分钟,也就抓住了学习的最佳时段。

在课堂上,老师会系统地梳理课本上的知识点,将其串联起来形成体系。他们会将重点和难点着重讲解,同时也会传授我们解题技巧,这都是自学领悟不到的地方。紧跟老师的教学节奏,可以节省我们学习和思考的时间,是学会新知识的捷径,我们要好好珍惜这短暂的 45 分钟。

"上课认真听讲"这六个字看似很简单,实际操作下来,对绝大多数学生而言是有一定难度的。但迎难而上也是青少年应当具备的优秀品质,我们在学习的路上要坚持做到这一点。

◆ 要点提示 ◆

高效听课的方法：

1 做好上课的准备工作。包括但不限于有效预习，课间提前准备好课堂所需要的书本、习题册和文具等，预留一分钟调整心绪，提醒大脑马上要进入上课的黄金时间，抛除与课堂内容无关的想法，稳定情绪等。

2 上课听讲时要遵从老师的安排，顺应老师的节奏，不扰乱老师的教学计划。耳朵要听，眼睛要看，手要拿笔写，脑袋要思考。

3 课堂笔记要记好，要标记出重点和难点，可以简单记录，不要因为记笔记而忽略老师的讲课内容，否则就是丢了西瓜捡芝麻。也可以抄写老师的板书。总之，课堂笔记是辅助听课的手段，不要把所有精力都放在记录上，要将书写、记忆、听讲结合在一起。

4 和老师互动,踊跃举手回答问题。在课堂上回答问题可以增强自我满足感和荣誉感,提升自我表达能力和临场发挥能力,会给自己积极的心理暗示,从而对学习更有兴趣。不要担心回答不好,凡事总有第一次,多多尝试你会发现自己进步很快。

5 及时做总结,把握课堂上的最后十分钟。老师基本上会给学生留下答疑时间,我们要牢牢抓住机会,将疑难点问清楚,理解透彻,不积攒问题,否则疑难点会像雪球一样越滚越大。

为什么一听就懂，一做题就错

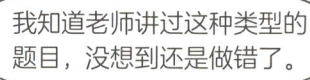

很多同学有这样的疑问：我上课认真听讲，老师讲的知识我都懂了，可是为什么做题总是出错呢？有人安慰自己做错题是因为粗心大意，比如没审题、忘记公式、填错答案等，这都是表面问题，归根究底是没有真正理解知识。

学习本身是一件有难度的事。老师在课堂上讲课，我们能听懂，这是第一步，但听懂并不代表会独立做题，从听懂到会做题需要一个消化的过程。只是听懂老师讲的知识点，那么知识还是老师的，我们要消化和吸收老师讲的内容，将知识变成自己的，做到真正理解。

所以下课后的复习方法也需要重视。我们要及时复习，吃透老师讲的内容，再用习题去检验我们是否学会了这个知识点。

青少年要想掌握课本知识需要做到听懂、理解、记忆和做题。能听懂老师讲课的内容是基础，在听懂的基础上还要对知识点进行深加工，最后做到会做题，能够举一反三才算成功。

我们除了要把握住课堂的45分钟之外，课后还需要复习，巩固学到的知识。

复习是查漏补缺、巩固所学知识的过程。如果不复习，课后直接做题，效率往往不高，而且你会发现知识点被遗忘得很快。德国心理学家艾宾浩斯通过研究发现，人类大脑对新事物的遗忘是有规律的。他发现，人们在学习新知识后会立即开始遗忘，20分钟后会遗忘将近一半的内容，60分钟后新学的知识就剩下44.2%，而6天后就只剩下25.4%。这说明学习之后如果不通过复习来加深记忆，那么我们所学的知识就会被慢慢遗忘。

既然人的遗忘有规律可循，那我们就可以利用它找到适合自己的复习方法，有计划地加深记忆，从而巩固所学的知识。

✦ 要点提示 ✦

一听就懂,一做题就不会的解决办法:

1 对于老师在课上讲的内容,不仅要"知其然",还要"知其所以然"。也就是说,要真正理解老师上课所讲的知识点,不能只知皮毛,一知半解。听课时要虚心,要紧跟老师的讲题思路,理解解题技巧。

2 及时复习,回归书本,将老师讲的知识点梳理一遍,不懂的及时向老师或同学请教,多动脑,勤思考。

3 根据艾宾浩斯遗忘曲线,找到适合自己的记忆法,定期将之前所学的知识都巩固一遍,在遗忘前叠加记忆。

4 不会做题,没有解题思路,就说明知识点没学会。当复习完再做题依旧不会时,还需要反复看课本,研究例题,寻找解题思路。很多问题都是相通的,多做多练,多总结,勤思考,就能攻克做题难关。

5 平时做题就要注意不能马虎,要多做训练,不要抱有侥幸心理,认为只要考试时注意就可以了。

延伸阅读

费曼学习法

费曼学习法是加州理工学院的物理学家理查德·菲利普斯·费曼提出的,它包含四个步骤:

第一,选择要学习的目标对象,或者是一个知识点,做到完全理解。

第二,假设自己是老师,向身边的人复述你所学到的东西。用简单明了的语言,以所有人都能听懂的方式讲出。如果在复述的时候出现结巴、卡壳、不完整、知识点错误等情况,那么就证明你掌握的知识不够全面,没彻底学会。

第三,纠正错误,回归书本再去学习,直到可以完整地复述。

第四,及时总结,如果复述或讲解的时候语言冗长,思维混乱,那么就要及时梳理,重新调整用词。

费曼学习法是一种非常高效的学习方法。如果我们可以将自己学的知识,像老师那样跟身边的同学讲出来,并能让对方理解、学会,那么我们对这个知识点的记忆将会相当长久,学习效果也会提高。

下一次,就请用费曼学习法来学习吧,从给身边的同学讲题开始。

课堂笔记要怎么记

我们都知道,记录课堂笔记可以更方便我们温故知新,将那句"好记性不如烂笔头"的俗语落实到实践中去。可我们在记录课堂笔记时,也容易走进误区,比如:写课堂笔记只求全贪多,毫无取舍,最后导致笔记没记好,课也没听懂,或是跟不上老师的思路;或者完全复制其他人的课堂笔记,照搬照抄,没有独立总结和思考的过程。这些问题会影响我们记录课堂笔记的效果,很多同学很忙碌地记录,却是在做无用功。

学习不是感动自己,也不是按部就班地完成老师和家长的要求和建议就会有成效。我们都知道记录课堂笔记是高效学习的一种方法,但真正受用的只有一部分同学,没能从中获益的同学恐怕是用错了方法。

不会记录或记录不好课堂笔记没有关系,我们在刚开始摸索和掌握学习方法时都需要一个过渡的过程,做得不好说明有提升空间。坚持记录下去,多思考、勤总结,你的课堂笔记也可以成为能让同学借鉴的范本。

课堂笔记的记录位置可以分为两种：一种是在书本上标记，用一些简单的符号标明重点和难点，遇到需着重强调的知识点可以在空白处写批注，以便日后复习课本时着重去看；另一种是在固定的笔记本上记录，按照学科分类，保证一科一本。记录时要有条理，思路明确，有宏观大框架，也有细致的分类，注意课堂笔记的右侧需要留白，以便课后整理时添加和整合笔记内容。

记录课堂笔记也要学会取舍，不要什么都记，也不要什么都不记。一般来说，书本上已有的内容、非重点的内容，以及一看就懂的知识，是不用记的。我们可以记提纲，记解题方法和解题技巧，记老师强调的易错点和疑难点，记课堂上没听明白的问题，记老师的课堂总结。

如果我们在写课堂笔记时，一个解题技巧没写完，老师就开始讲下一个知识点了，这时要果断放弃继续记录，要紧跟老师的节奏，听老师讲课的内容，没记完的部分可以课后凭记忆补充。总之，课堂上的45分钟里，课堂笔记只是充当辅助，我们的主要关注点还应在老师所讲的内容上，跟随老师的教学思路去学习。

✦ 要点提示 ✦

记录课堂笔记的注意事项:

1 课堂的时间毕竟有限,课后需要对课堂笔记进行整理,在笔记的留白处归纳总结,查漏补缺。

2 提高书写速度,可以用符号来代替文字,笔记要简练、易懂,不做冗长的赘述。

3 用不同颜色的笔区分重点和疑难点,笔的颜色不要多,三种为佳,颜色多了容易让人眼花缭乱,不方便复习。

4 可以借鉴学霸的笔记，但不要抄袭。笔记可以复制，但思维和他人的思考模式不能复制，每一个人都有自己习惯的记录方式和学习方法。我们要借鉴的是他们记录笔记的方式，而不是内容，只有自己亲自归纳和总结，才能发挥课堂笔记的最大效用。

5 记录完课堂笔记，不要将其抛诸脑后，要合理利用，时常翻看，更新知识，有新的解题技巧和方法要及时记录。

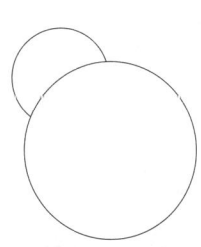

我的错题本为什么没有用

很多时候,我们并不理解老师和家长的要求,尤其在进入青春期后,我们的认知能力在不断加强,逐渐形成自己的想法,会用批判性的眼光看待问题,有时也难免会固执已见。存在这种思维很正常,但是不能将想法停留在怀疑和批判上,要通过质疑来找到正确的做法。

举个例子,老师和家长都说错题本很有用,但有人提出质疑:整理错题的过程太浪费时间,还不如利用整理的时间将知识点掌握熟练,将错题弄懂。其实,慢慢地你会发现,原来用在错题本上的每一分钟都是有用的,会对提高学习成绩有帮助。

错题本不是没有用,而是我们用错了方法。整理错题本也不是浪费时间,而是将时间用在了"刀刃"上,整理的过程也是在重新梳理书本上的知识,有助于夯实基础,找到自己的不足。

错题本也叫错题集、改错本，是指学生在学习中将试卷、课后习题等做错的题整理成册。利用好错题本可以提高我们的学习效率，节省复习时间，帮助我们更快地理顺学习思路，找到复习的侧重点。

整理错题本，一方面可以查漏补缺，让我们明确自己的不足，在归纳错题时还能发现出错规律，可以对此加以重视，从而有效地规避错误；另一方面还能考验我们面对错误的态度。做错题不要紧，重要的是如何对待错题，怎么将错题做对。找到错题考查的知识点，明确易错点和题目中设置的陷阱，一切都理顺后，这道题就会被我们吃透。整理错题本是良好的学习习惯，我们要坚持整理，定期查看，常思考，勤总结。

◆ 要点提示 ◆

整理错题本的注意事项：

1 整理错题本不是机械性的抄写，也不能将其看成是老师和父母要求我们完成的任务。我们只有从内心发觉出错题本的益处，主动去整理才会有效果，被动催促只是做无用功。

2 错题本整理好后不要束之高阁，要随时翻看，更新错题。写好的错题本也可以继续整理，将那些依旧不太明确的题型摘抄出来，或问老师，或咨询同学，务必将该类题型学会。再次整理错题本时，如果发现同类型的错误出现超过两次，那么就需要着重处理，继续深入学习。

3 错题本不仅可以记录错题，还可以记录易错题、难点题、典型题等。

4 错题本也可以互相借鉴，吸取同学整理错题本的经验，然后结合自己的实际，找到最适合自己的方法。

5 错题本也要做到页面整洁、字迹工整，养成这个好习惯对于每次考试也有帮助。

6 错题的解析不要翻看答案抄写，要主动思考，找出这道题考查的知识点、题目中老师设置的陷阱，以及正确的解题思路，标明易错点和题目难点。

7 错题本的整理需要长期坚持，不要心急，也不要把它当成任务，让错题本成为学习中的一部分，将来你一定会受益无穷。

记忆力很差怎么办

艾宾浩斯遗忘曲线告诉我们,学到的知识如果不加以人为干预,就会被慢慢遗忘。人的遗忘是有规律可循的,我们可以根据遗忘曲线制订相应的复习计划,来加深记忆。

学习知识分为两步:学习和记忆。学习是吸收知识,而记忆是消化知识,只有二者相辅相成,学习的知识才能变成我们自己的,存在大脑里。而每个人的记忆力是不一样的,我们有时会发现,同样一个班级的同学,为什么有些人对知识点记忆得非常牢固,而有些人却记不住呢?不是我们不努力,而是没有精准学习,没抓住记忆的关键点。只要掌握了加强记忆的方法,我们就可以提高记忆的能力。

人的记忆力与大脑的使用和开发程度、睡眠、饮食及运动都息息相关。不可否认，一些学霸天生记忆力惊人，但拥有过目不忘这一能力的人毕竟是凤毛麟角，我们绝大多数都是普通人。当然，我们也可以通过有效的方法来提升记忆力。

首先，开发大脑的记忆力。在学习时有意识地锻炼自己的专注力，摒除杂念，集中精神去记忆，不断地去学习，反复记忆。同时要保证充足的睡眠，不熬夜，让大脑得到很好的休息。

其次，科学的饮食对记忆力的提升也有帮助，多摄入优质蛋白质、新鲜的水果和蔬菜、坚果类食物等对大脑有益的膳食。

最后，要进行恰到好处的运动，比如跳一些有氧操，这不仅可以缓解学习的疲劳，强身健体，还可以保证大脑有充足的血氧供应，运动后再学习，我们会发现思考能力和记忆力都有所提升。

✦ 要点提示 ✦

提高记忆力的秘诀：

1 专注记忆法：记忆力可以通过训练来提高。我们在记忆东西时需要全神贯注，将注意力集中在所要记忆的知识上，以15分钟为一个节点，中间休息5分钟，再继续进行学习。时常练习，你会发现越记越快。

2 关联记忆法：知识点不是孤立存在的，大多是相关联的，我们在记忆时可以先找到知识点之间的关系，将一系列的东西串联成知识网。比如，英语单词的背诵要结合句子或文章去理解，这样记忆更深刻。背诵古诗词要理解其含义，了解诗词背后的时代背景。而数学公式则需要在习题中巩固，用实践来加深记忆。

3 目标记忆法：给自己设定一个记忆的目标，目标要符合自己的水平，努努力就有望实现。定好目标后，就按照目标去记忆，定期复习，有一定的规划性。

4 培养兴趣记忆法：兴趣可以驱动自主学习的动力，有了兴趣，一切需要记忆的东西都将变成自己喜欢的，主动去记远比被动去学要高效。

5 黄金时间记忆法：把握记忆的黄金时间去学习，效率会更高。珍惜时间并不是将每一秒都用来学习，也要注意及时休息，保证睡眠。一般来说，清晨的6—7点，上午8—10点，傍晚6—8点，还有睡前一小时是记忆的黄金时间。我们要保证在这几个时间段内精力是充沛的，提前做好记忆训练的计划，合理分配各科的学习。

6 分类记忆法：我们在根据艾宾浩斯遗忘曲线来定期复习时也要注意对知识点的归纳和总结。我们要对知识点进行内容分析，将知识进行分类整理，找到其中的规律，按照规律一起记忆。

你知道这些
考试技巧吗

放轻松,其实没有那么难。

为什么一到考试就焦虑

很多学生都有这样的困扰：平时的课堂测验都没问题，成绩也很稳定，可一到临近考试就焦虑感倍增，担心复习不到位，忧虑考试题不会做，害怕考不好被老师和家长批评，心理负担重，最后导致考试失误，焦虑变成现实。

其实，提起考试就出现焦虑心理是很正常的现象。适度焦虑可以促使我们更加重视考试，抓紧时间复习，以便取得好成绩。可过度焦虑则会影响我们正常复习，影响我们学习的心情，最后导致考试失误，挫败感倍增。如果你有过多的考前焦虑心理，那就需要加以重视，进行人为干预了。

别担心，这只是一个小问题。不要将考试看成是决定成败的关键点，将关注点放在知识本身，同时也要重视自己的焦虑感，直面它，不畏惧，通过适合自己的方式舒缓它，将它排解掉。

专家解读

考试焦虑是指在特定情景（与考试相关的）的刺激下产生的一种心理上的焦虑现象。我们会受自己的认知水平、心理素质、情绪调节、外界因素等方面的影响而出现不同程度的焦虑行为。比如，考前忧虑过度、茶饭不思、情绪低落；考试时出现生理紧张，比如晕倒、频繁上厕所、心跳加快、手指冰凉等。适度的焦虑可以转化为动力，但过度焦虑则会给我们带来负面影响。

那么使我们产生考试焦虑的因素有哪些呢？我们产生考试焦虑是内外因共同作用的结果。内因方面包括以下几点：

1.自身的能力，如心理调节能力、抗打击能力，以及情绪管理能力较差。

2.自我评价与实际不相符。有些学生对考试结果的期待过高，以致给自己平添了许多压力，消化不了则会焦虑。

3.对考试没有信心，越临近考试则越焦虑，害怕考不好。

外因的影响主要来自老师和家长的压力。父母和老师对我们的期望越高，越在乎考试结果，我们的压力就越大。当压力达到临界值却得不到科学的舒缓时，我们就会崩溃、焦虑、叛逆。同时，还有一部分压力来自同学或身边的朋友。分数和排名的压力都会导致我们对考试产生焦虑心理。

◆ 要点提示 ◆

一到考试就焦虑的解决办法：

1 重新看待考试，不过分看重考试本身，减轻对考试的心理负担。考试本身就是检验我们是否掌握学习内容的方法，所以不必过度担忧考试结果。

2 做好考前的复习准备，重新梳理学过的知识，通过看课堂笔记、错题本、做习题等方式复习，全面的复习会给考试带来底气。

3 考试前可以去考场体验下现场感受，提前适应考场氛围。考试时要注意现场解压，可以深吸一口气，再长长地呼出一口气，反复3~5次，焦虑的状态就会得到缓解。

4　注意力转移法和积极心理暗示法可以缓解考试压力。考试前可以做一些事情放松，比如去户外活动，可以散步、慢跑，进行球类运动等。不要选择看电视、上网、玩游戏等方式来放松。同时用积极的心理暗示告诉自己不要紧张，要相信自己，提高对考试的自信心。

5　在考试过程中，将考试当成一场简单的测验，审题要认真，做题要仔细，做完题要检验，不想与考试无关的事。

6　考试结果出来后，要胜不骄、败不馁。如果考试成绩不好，正好检验出自己的不足，从而可以有针对性地复习，巩固书本知识，再做题练习，直到把不会的知识点攻破。

考前复习无从下手怎么办

有些同学一到考试就感觉要复习的东西太多了，不知从何处着手，往往想到哪儿复习到哪儿，毫无计划性，同时也会抱怨时间不够，很多知识点都没时间复习。

还有的同学认为考前的心理状态很重要，要放松心情，减少学习时间，别给自己太大的压力。但放松心情并不代表可以简化或省略复习这一步骤，我们仍旧需要认真进行考前复习，适当地做习题，让自己保持做题的惯用速度。

考前复习很重要，我们要提高重视程度，复习时掌握高效复习的方法。只要方法得当，我们就可以取得理想的成绩。

专家解读

"凡事预则立，不预则废。"做任何事情都需要提前做好准备工作，学习更是如此。开始学习前，制订合理的学习计划可以让我们更接近成功之门，找到成绩提升的钥匙。无论学习的哪一个环节都需要用计划去指导实践，复习也需要条理清晰、分门别类地按照既定计划进行。

复习计划要提前制订，不要有"临时抱佛脚"的侥幸心理，要相信持之以恒和坚持不懈的意义。同时，考前复习也要注意劳逸结合，合理安排时间。精神上要放松，但也不忘让大脑保持思考，稳固记忆力，进一步夯实知识点。

✦ 要点提示 ✦

考前复习的注意事项:

1 制订考前复习计划,按照学科分类复习,注意侧重点,擅长的科目可侧重做习题,有难度的科目要回归课本,注重基础和例题解析。

2 利用好课堂笔记,系统梳理课本知识,把握重点和难点。

3 错题本要合理利用,看错题不要一带而过,要重点分析易错点,把握正确的解题思路,将错题涉及的知识点记牢,理解透彻。

4 适当的习题必不可少,还要找一段集中的时间做考试训练,要适度保持考试该有的紧张感,在规定时间做完卷子。

5 注意心态,如果察觉到自己焦虑不安、情绪不稳定,要及时进行自我调节,也可以找父母或老师谈心。

"黑马"的共同点

每次考试成绩出来后都会有超常发挥的同学,他们被老师亲切地称为"黑马"。那么,你知道那些超常发挥的"黑马"有哪些特点吗?

1. "黑马"靠的不是运气,是多方面因素共同作用的结果。不是考试刚好考了他们会做的题,而是他们基础知识扎实,复习到位。

2. 绝大多数"黑马"对考试的胜负心不重,心理压力小,发挥稳定,不粗心大意,心理素质过硬,不会有考试焦虑心理。

3. 他们平时虽不显山、不露水,但该做的功课一样不少,课前预习,课上听讲,课后复习,认真完成作业,用习题检验知识的掌握水平。功夫到位,所以考试成功的概率大大增加。

学习从来不讲运气,只看个人努力,一分耕耘,一分收获,你要谨记这一点。希望你可以掌握高效学习的方法,成为考试中驰骋而出的"黑马"。

考砸了怎么办

考试考砸了之后，我们会本能地感到懊悔，然后会担心，不知道如何面对老师和父母，会情绪低落，心态不稳。其实，当我们还在和负面情绪"斗争"时，那些优等生已经在为下一次考试做准备了。

在学生时代，我们势必要经历许多次考试，小到课堂测验、口头提问，大到期中、期末考试，乃至中考和高考，每一次考试都是检验我们所学知识是否扎实的手段。我们要从每一次考试中吸取经验和教训，弄清错题原因，把握知识点，而不是将关注点放在分数上。考砸了就吸取教训，好好复习，争取下次考试有所提升。

专家解读

　　考试考验的不仅是学生对知识点的掌握程度，还考验学生面对压力的心理调节能力。在考试失利后，学生应具备良好的情绪管理能力及问题处理能力，因为对于学生来说，学习时间是有限的，学生时代的每一秒都很重要，都需要格外珍惜。考试失利后，与其自怨自艾，不如将关注点放在学习本身。

　　学习是一场"持久战"，心态决定成败。考试是学习中的一个环节，我们要学会看淡它，然后调整心态，面对成绩，立足于卷面，将错题逐一解决。

◆ 要点提示 ◆

考试考砸了的正确应对方法:

1 调整心态,拿到卷子时着重看做错的地方,不将关注点放在分数上,减少情绪内耗。

2 用科学、健康的方式舒缓负面情绪后,拿出卷子研究错题,试着再做一次。如果还是不会,可以先和同学讨论,等老师做卷面解答时再认真听,注意老师的解题思路。

3 拿出错题本,将本次考试做错的题整理出来。如果同一个知识点出错两次以上,就需要加大力度研究透彻,立足课本的知识点,分析例题。

4 在和老师、家长交流时,可以聊一下学习状态,以及对这次考试的看法和需要帮助的地方。

5 立足于当下,努力学习,踏实复习。慢慢来,要相信自己,要有"海到无边天作岸,山登绝顶我为峰"的勇气和决心。

粗心大意丢分太懊悔

你在拿到考试卷子时发现自己因为粗心大意而丢分，会感到懊悔吗？那么你是否也有以下这些丢分情况：选择题原本选对了，最后却改错了；计算题和应用题省略步骤，丢了步骤分；审题错误，题目要答A，却将答案写成B；将"＋"看成"－"，计算出错；单词拼写错误，单词的意思记错；作文写跑题，没审明立意……

或许当你拿到卷子，看到自己因为这些看起来微不足道的"小事"而丢分时，心里会想：如果我当时不马虎，检查再仔细些，这些题我都可以做对！其实，马虎、粗心只是表面原因，我们并没有抓住丢分的真正原因。

考试时因为马虎而丢分的人有很多，就连班里的"学霸"也在所难免，这是一种普遍现象。但我们要对我们的学习情况有客观的认知，承认自己还存在不足，有学习不到位的情况，要透过马虎和粗心找到错题的原因。

学生在考试时出现粗心大意的问题是什么原因呢?

首先,基础知识掌握得不牢固,对知识点的记忆不清晰,容易混淆概念,对知识的掌握大多是知其然,但不知其所以然,最后导致在考试时做错题。

其次,没有养成良好的做题习惯。比如,省略答题步骤,没按照老师的要求写答案,字迹潦草,审题不仔细,不求稳,只要快,做完题不检查,等等。

最后,部分同学对学习的态度不够端正,对自己要求不高,考试时走神,注意力不集中,看错题,填错答案,写错符号和公式。还有的同学有些骄傲自满,认为题目很简单,不用费太多精力。

考试粗心大意不是小事,我们要加以重视,找到自己马虎的原因,有针对性地解决。

◆ 要点提示 ◆

改变考试粗心大意现状的方法:

1 考试前做好准备工作。提前准备好考试会用到的文具和演算纸,记得多带一支笔备用,以免考试中遇到突发状况手忙脚乱借东西。

2 拿到卷子先检查一遍是否有缺页,写下班级、姓名和学号后再答题。答题要认真审题,读懂再下笔。英语要注意单词拼写,数学要注意公式的准确性,语文要读懂考的内容是什么。不要心急,审好题再下笔。

3 答完题后不要提前交卷,要仔细检查一遍。

4 平常做题也要严格要求自己按照考试规范写答案,不擅自缩减步骤。写字既要快,也要保证字迹工整,平时多练习。

5 考试做题时要认真,注意力集中,只关注眼下要做的题目。

规格严格，功夫到家

"规格严格，功夫到家"这八个字是哈尔滨工业大学的校训。

校训是一个学校的兴校之源、传校之宝，是每一个学子身上的烙印，是可以传承给下一代的精神食粮。1954年，哈尔滨工业大学（以下简称哈工大）的校长李昌对学生提出"规格要严格，功夫要到家"的要求，希望哈工大的学生可以严格要求自己，成为为伟大的祖国做贡献的大国工匠。

20世纪50年代，有"铁将军"之称的俞大光教授在成为中国工程院院士前，曾在哈工大任教，他对学生非常严格，他的"电工基础"课被称为"老虎课"，学生想要得到"优秀"是极难的，他要求学生不仅要会做题，还要讲出道理来。

正是由于哈工大对学生的要求严格，哈工大才培育出一代又一代优秀的人才。哈工大的校训凝结成一股无形的力量流转在全校师生之间，无论在校园学习，还是在社会工作，他们都能做到"规格严格，功夫到家"。

我们在学习时也要严格要求自己，向哈工大的学生学习！

这些应试小技巧帮你拿高分

我们从出生开始就要面临人生中大大小小的各类考试，从翻身、坐、爬、走等生理的成长发育到进入学校后的测验、随堂考、期中、期末，以及中考、高考，每一个阶段都要面临考试。出生五个月不会翻身就要被抱到医院去检查是否发育缓慢，期末考试成绩下滑又要被叫去谈心。考试，我们并不陌生，同时也不可避免。

既然考试避无可避，那我们就要笑着去思考如何最高效地战胜它，如何拿到高分。

任何问题都有解决的办法，而且会被钻研出诀窍，考试也不例外，考试也是有应试技巧的。

应试技巧是指考生为了应对考试而找到的一些便于解题的方式方法。当然，这种应对考试的方法也要融入平时的练习中去，做到熟能生巧，养成良好的应试习惯。

掌握应试技巧可以让我们在考试中发挥得当，最大限度地拿到高分。当我们找到最适合自己的应试技巧时，我们就能掌握考试的节奏，平复紧张的情绪，以更平和的心态应对考试。

✦ 要点提示 ✦

可以多拿分的应试技巧：

1 利用好考试过程中的每一分钟，阅卷、做题、检查，缺一不可。试卷发下来后大致看一眼，做到心中有数，对后面的大题有一些印象即可。

2 做题按照先后顺序，先易后难，遇到难题不钻牛角尖，采取迂回战术，跳过去继续答题。

3 无论遇到什么样的考题，都要稳定心态，不要心急，认真审题，不放过题目中的细节。审题要慢，解题要快。

4 文科类大题注意条理清晰，层次分明，可以用序号理顺思路。理科类大题注意解题步骤，必要时可以跳步解答，将会解答的部分写上。

5 保持卷面整洁，字迹工整，给阅卷老师一个好的印象。

"吞青蛙"法则

美国著名的商业演说家博恩·崔西在他的书《吃掉那只青蛙》里提到了"吞青蛙"法则。他在书中提到：如果你必须吃掉一只青蛙，不要长时间盯着它看；如果你必须连着吃掉三只青蛙，记得要先吃掉最大、最丑的那只。

"吞青蛙"法则是一个高效的时间管理方法，可以提高做事和学习的效率。当然，这里的青蛙不是我们熟知的动物，而是指一天中最艰难的任务。崔西认为，如果你每天先将最困难、最有价值的事情做完，就可以高效而愉悦地度过接下来的时间。

我们在平时学习中也可以采取"吞青蛙"法则来进行时间管理。举个例子，我们在平时学习中可以先攻破自己的薄弱学科，最难的学科学完了，接下来的学科学起来就会轻松许多，效率也能提高。

当然，在考试的时候我们要避免使用"吞青蛙"法则，遇到难题不要直接"吞"，而是要把"青蛙"标记起来放在一旁，等全部答完后再来想办法把它们"吞下去"。

学习中的
其他困惑

成绩突然下降怎么办

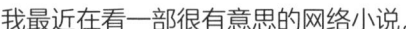

成绩突然下降时，我们或许会慌乱、会担忧，但是担心之余还要清楚一点，任何事情的发生都是有原因的。我们要找到导致成绩下滑的关键点。

成绩下滑是有迹可循的。当你沉迷于游戏、网络，只顾玩乐，不用心学习，上课走神儿时，你就应该想到这会影响学习成绩。我们的精力是有限的，如果把精力分散到其他的事情上，在学习方面投入的时间和精力就会减少，成绩自然就会受到些影响。

努力学习，日日坚持，或许不会马上进步，学习成绩也不会瞬间就突飞猛进。但是若分心去做过多与学习无关的事，成绩却会很明显地下降。

成绩突然下滑不要紧，我们需要做的是对此予以重视，找到导致下滑的原因，对症下药。

专家解读

导致成绩下降的原因有很多，我们要仔细分析，找到成绩下降的根源。除了沉迷网络游戏、早恋等特殊原因外，还有可能是因为学习不得法、压力太大，或者太过于看重考试成绩而导致发挥失常等。

比如，很多同学还会有这样的困扰：新学的内容掌握得不扎实，每天学习却效果不明显，甚至成绩不提升反而下降。成绩下降势必会打击自信心，容易让人陷入恶性循环。这个时候就需要找对学习方法，精准解决学习中遇到的问题。

只要找到适合自己的学习方法，每一个学生都有机会取得进步。

◆ 要点提示 ◆

成绩下降的正确做法：

1 稳住心态，不过度内耗。学习成绩已然下降，多思无益，要立足于当下，调整好心态和方法，重整旗鼓。

2 找到成绩下降的原因，制订提分计划。

3 成绩下降是每个人都可能遇到的正常现象，不要妄自菲薄，也别自怨自艾，多给自己些鼓励，重拾自信心。

4 从试卷开始梳理，将错题弄懂，整理错题本，再回归课本复习知识点。如果是新学的知识掌握得不牢固，则可以反复复习，必要时向老师咨询。

5 成绩下降时先不要使用题海战术，而是要重新分析例题解析，做到举一反三，而后再专攻典型题和重点题，同时也要注意合理分配学习和休息的时间。

延伸阅读

因果定律

因果定律又称为因果法则,它是由著名的哲学家苏格拉底提出的,是指无论哪一方面的成功或失败都不是偶然的,而是有着必然的因果关系。用一句浅显易懂的俗语来解释就是"种瓜得瓜,种豆得豆"。有什么样的因,就会得什么样的果。

我们想要学习成绩稳中有升,就需要采取一定的措施和方法去高效学习,日积月累,坚持下去,做到这一点,才有希望收获我们想要的成果。

偏科了怎么办

是时候挑战自己了!

我们在学习时都会面临一个问题，那就是会有自己喜欢并擅长的科目，同时也会有不喜欢和难以掌握的科目，这是很普遍的现象。轻微偏科对整体成绩的影响不大，但如果任其发展，放任不管，发展成严重偏科就需要我们格外重视了。

比如，很多学生的语文和英语成绩很好，数学很差，这就是典型的偏科了。数学就好比这类学生提高成绩排名的绊脚石。由于语文和英语已经达到了一定的水平，所以继续将精力侧重这两科，成绩提高的幅度也不会很大。可是如果把时间和精力多分配给数学一些，将不懂的内容学懂、学通，那总成绩便会大幅度提升，这也可以从根本上解决偏科问题。

当然，不论学习哪个科目，要把原本不会的知识学通，都需要花费大量的时间和精力，需要不断地研究。

专家解读

　　偏科，是指学生在学习文化课时会有一门或几门成绩特别好，剩下的一门或几门学科成绩非常差。偏科最常见的是文科生数学学不好，理科生英语和语文学不好。对于不擅长的科目，我们要格外重视，找到偏科的原因。

　　一般来说，学生会在初中后出现偏科现象。进入初中后，学科逐渐增加，学习的精力有限。加之青春期的学生情绪不稳定，容易受外界因素影响而形成错误的认知，比如不喜欢某科的老师，那对这一学科的学习也不在状态。除此之外，造成绝大多数学生偏科的原因还是缺乏兴趣和精力投入不足。

　　管理学范畴有一个"木桶效应"。简单来讲，就是指一只木桶能装多少水，并不取决于最长的那块木板，而是取决于最短的那块木板。一只木桶想盛满水，必须每块木板都一样平齐且无破损。学习成绩的提升也是一样，要各科成绩齐头并进才能考出优异的总成绩。如果出现短板，偏科严重，那么就算擅长的科目几乎满分，整体成绩也会被短板科目拉低。

✦ 要点提示 ✦

偏科的解决方法：

1 首先要意识到偏科问题的严重性，有纠正偏科的决心。

2 增加对薄弱学科的时间投入，增强对薄弱学科的关注，立足于课本，从基础知识着手。

3 想办法加大对薄弱学科的兴趣。可以用心理暗示法，在潜移默化中改变对这一学科的看法；增加课堂发言的次数，变被动为主动；取得成绩后可进行自我奖励，激励自己再接再厉。

4 和薄弱学科的老师交流、沟通，找到自己不足的原因，承认自己的短板，参考老师的建议学习。

5 短板不可能一夜之间变成优势，对待薄弱学科也要有耐心。上课认真听讲，课后用心复习和预习，日积月累总会有成效。

钱锺书也偏科

也许有人会说:"偏科就不能成功了吗?那么多偏科的人也都成就了一番事业。比如钱锺书。1929年,志向远大的钱锺书先生报考了清华大学,参加完考试后,他的国文成绩特优,英语满分,而数学只有15分。可以说钱锺书先生严重偏科,数学很不好。但他的条件也符合当时的清华大学招生标准,被清华大学当时的校长罗家伦亲自录取。从此钱锺书先生在清华大学学习,最后成为博古通今、兼修中外的文学泰斗。"

诚然,偏科也可以成功,但那只是少数个例。我们绝大多数人都是普通人,普通人逆袭的主要途径还是努力提升整体成绩,尽力使各科成绩保持均衡,将自己学习的"木桶"修整好,不留一块短板!

课间也需要学习吗

下课后,班级里的同学一般分为两个阵营:一部分同学会坐在教室里继续学习,或看书,或整理课堂笔记,或预习下一节课的内容;另一部分同学在下课铃声一响就飞奔向操场,或踢毽子,或散步,或聊天。正如辩论赛所讨论的那样,这两大阵营的同学,都认为自己做得对,认为对方应该向自己学习。

那么课间到底要不要学习呢?

一般来说,绝大多数同学在上完一节课后会感到疲惫,需要利用课间的时间让大脑休息一会儿。但是有一些同学在学校觉得学习时间不够,会将课间的时间利用起来。

其实,关于课中是否应该用来学习可以根据自己的实际情况而定,很简单,不必纠结,精力有限就休息一下,仍有余力就继续学习。

现代教育提倡德智体美劳全面发展，学习不是死读书，需要劳逸结合，这样效率更高。课间的时间很短暂，是否用来学习可以根据自身情况、课业负担，以及情绪、压力等方面综合考虑。

学习方法不是一成不变的，也没有固定模式。别人认为最好的学习方法不一定适合我们，只有适合我们的才是最好的。关于课间时间是用来学习还是休息，我们可以自己去验证，因为实践是检验真理的唯一标准。如果你认为课间需要学习，那你就去学。一段时间后，如果你发现太累了，课间学习会导致下一节课效率不高，那你就立刻转变方法，在课间开始休息。

◆ 要点提示 ◆

课间时间可以做的事情：

1. 如果对老师上节课讲的知识有疑问，可以立刻找老师答疑，也可以预习下一节课的内容，和同学探讨做题心得。

2. 课间除去上卫生间的时间所剩无几，可以在上完卫生间后顺便散散步，放空大脑。

3. 和同学一起玩儿一些简单的游戏，放松心情，增进友谊。

4 如果疲惫，可以趴在桌子上休息几分钟，眯一会儿。

5 做眼保健操，或者看看窗外的风景，以放松眼睛。

投入其中,别分心!

网课应该怎么听

与线下上课相比,网课在综合感知上可能要差一些。没有老师现场教学的耳提面命,老师只是通过小小的屏幕看到我们,我们很容易在心态和行为上放松对自己的要求,所以学习效果没有线下上课效果好。

其实,上网课考验的是我们的自控力,听课效果与我们自身的学习内驱力息息相关。

我们对学习的自控力和内驱力是因人而异的,每个人对学习的态度也不尽相同。这就导致了我们当中的一部分人在上网课时注意力不集中,跟不上老师的节奏。而且这些人还会有"反正老师看不见,就算我偷偷玩游戏、看小说也不会被发现"的心理,最后导致上网课学习的效率很低。

网课是一种新兴的教学模式,是用电脑等设备通过互联网学习的线上课程。它的学习内容包含多种形式,包括视频、图片、文字、语音等。

网课的重要程度不亚于线下教学,只是讲课方式略有不同。我们在上网课时同样要抓住重点和难点,认真听讲,按照老师的要求与其互动。

此外,有条件的话,我们可以将老师讲的知识点录下来,遇到不明白的地方可以重新观看,再次学习,直到学会为止。

当然,网课也存在弊端。如果学生的自主学习能力不足,那么网课的效果就会大打折扣。所以想要上好网课,就要注意提高自主学习力。

◆ 要点提示 ◆

网课的正确听课方法：

1 要转变思维，意识到网课的重要性，从根本上改变对网课的态度。我们要明确一点：网课与线下课同样重要，也是高效学习的一部分，应该加以重视。态度端正后再去学习如何高效听网课，充分利用网课时间。

2 做好网课的课前准备工作，给网课营造仪式感。什么是网课的仪式感呢？就是我们要打造出能让我们高效学习的氛围感。试问，如果把网课地点设在卧室的床上，一小时后你会保证不去找"周公"吗？所以，网课最好设置在远离床榻的地方，书房最佳。准备好网课所需要的文具和课堂笔记等学习用品。桌上不要摆与学习无关的物品，如食物、水果、玩具、课外书等能让你分神的东西。

3　你要把上网课当成线下课一样对待。上网课前可以简单预习一下，上课时集中精神紧跟老师的讲课节奏，按照老师的要求学习，积极回答问题，主动思考，有难题可在课后私下询问老师。课后找时间复习，理顺这堂网课老师所讲的内容。

4　每节网课的间隔时间要合理利用，注意休息、增强运动。长时间上网课很容易疲劳，首先要注意缓解视觉疲劳，比如做眼保健操、远眺等。还可以去户外走走，呼吸一下新鲜空气。休息好，上下一节网课才更有精力。

5　调节好自己的情绪，关注自己的心理，让自己处在快乐学习当中。学习是为了我们自己，我们应该主动找到学习的目标，给自己一个学习的动力，朝着目标努力。